「事業計画書」作成講座

「ビジネスモデル思考」で新規事業を成功させる

手塚貞治

DEVELOPING BUSINESS MODEL FOR PLANNING

日本実業出版社

はじめに

　本書は、新しいビジネスモデルを「事業計画書」にまとめる方法をお伝えする本です。新規事業立ち上げを考えるときに、どのような思考で「事業計画書」を作成するかについて説明していきます。

　しかし、なぜ、いま「事業計画書」なのでしょうか？　「いまさら事業計画書の作成方法について解説する本が必要なのか？」と疑問をもたれた方もいるかもしれません。事業計画書について書かれた書籍は昔から多数ありますし、ネットでも多くのフォーマットや解説記事が掲載されています。それなりのビジネス経験がある方ならば、誰でもそれなりの事業計画書は作成できる環境が整っているといえるでしょう。

　しかし筆者が残念に思うのが、実情としては、事業計画書の作成と新規事業立ち上げが結びついていないように感じられることです。「事業計画書はあくまで机上の計画、実際の立ち上げは別モノ」という風潮があるようにお見受けするのです。

　環境変化の速いこの時代では、「事業計画書作成なんて悠長なことをやっているよりも、どんどん動き出して走りながら考えたほうがよい」とおっしゃる方もいて、「事業計画不要論」さえ耳にするようになりました。事業計画書は、あくまで対外説明用に作成するためのものであって、フォーマットを借りてきてそこを埋めておけばいい、実際の事業立ち上げとは別モノだというわけです。つまり、事業計画書は作成するものの、本当の意味で事業立ち上げには寄与していないという状況なのです。

　しかし、本当にそれでよいのでしょうか。事業計画書は新規事業に役立たないものなのでしょうか？

　この問いに対する筆者の答えは「NO」です。それは「本当の意味での事業計画書」を作成していないからです。「本当の意味での事業計画書」とは、成功するために必要な思考を重ね、それを見える化したものです。思いつき

レベルの内容を、借りてきたフォーマットの空欄に記入してお化粧をしているだけでは、事業立ち上げに寄与する事業計画書になるはずはありません。冷静な分析に基づいて、ビジネスモデルを整合性ある形に煮詰めて、リスク対応策を網羅的に棚卸ししていけば、必ずや新規事業の成功確率を向上させることに寄与するはずなのです。

　確かに、それでも事業計画書はあくまで「計画」であって、その計画どおりに100％進捗することはないでしょう。むしろ、そのとおりにならないことのほうが多いでしょう。それでも思いつきレベルでとりあえず動いてみることよりは、よほど成功確率は高まるはずです。

　また本文でも述べるように、事業計画書とは本来、「一度作成しておしまい」という静態的なものではありません。むしろ、状況変化に応じて定期的に改訂することを前提とする動態的なものです。たえず現実の動きに対応しながら見直していくべきものです。その点では、不確実性の高い新規事業立ち上げにも役立つはずです。

　さて上記の趣旨から、本書は、事業計画書のフォーマット（形式）よりもコンテンツ（中身）にこだわった1冊です。特に、ビジネスモデルの考え方を中心にまとめています。

　新規事業の成功確率を高めるビジネスモデルとはどのようなものか、それはどのような手順で検討すべきなのか、について具体的に解説しています。

　本書がみなさまの今後の事業発展の一助となるようでしたら、筆者として望外の幸せです。

2018年9月

手塚　貞治

「ビジネスモデル思考」で新規事業を成功させる「事業計画書」作成講座●目次

なぜ、事業計画書が必要なのか？

本書のストーリーの設定 ──────────────── 14

序-1 事業計画書とは？ ──────────────── 18
「事業計画書」と「事業企画書」　18
「事業計画書」と「経営計画書」　19

序-2 事業計画書の目的 ──────────────── 21
「アイデア発想ツール」としての事業計画書　21
「プレゼンツール」としての事業計画書　22

序-3 事業計画書は誰に見せるものか？ ──────── 24
経営陣と社内関係部署　24
外部投資家　25
国や自治体　26
パートナー候補先　27

序-4 事業計画書の書式 ─────────────── 29

序-5 「事業計画書なんて不要だ！」という誤解 ──── 32

序-6 新規事業開発担当者にありがちな失敗 ────── 35

CONTENTS

序-7 事業検討フローとは？ ——————————— 37

　　事業検討フローと事業計画書の違い　38
　　事業検討フローの７つのステップ　39

第1章 環境を分析する

1-1 なぜ、環境分析が必要なのか？ ——————————— 44

1-2 内部環境分析とは？ ——————————————————— 45

　　バリューチェーン分析　45
　　７Ｓ分析　47

1-3 外部環境分析とは？ ——————————————————— 49

　　ＰＥＳＴ分析　49
　　５Ｆ分析　50
　　シナリオプランニング　52

1-4 ＸＹフーズのケース──シナリオプランニング ——— 55

第2章 要件を定義する

2-1 事業テーマを考えるための「要件定義」とは？ ——— 60

| 2-2 | 事業目的の確認 | 62 |

| 2-3 | 数値目標の合意 | 65 |

| 2-4 | 事業範囲の合意 | 70 |

 既存事業と新規事業のすみ分け　70
 新規事業の許容範囲　72

| 2-5 | 参入方法の合意 | 74 |

| 2-6 | ＸＹフーズのケース──要件定義 | 75 |

第3章　事業テーマを設定する

| 3-1 | 事業テーマをどのように設定すべきか？ | 78 |

| 3-2 | アイデア出しをどのように行なうか？ | 79 |

| 3-3 | スクリーニングをどのように行なうか？ | 82 |

| 3-4 | ＸＹフーズのケース──事業テーマのスクリーニング | 85 |

第4章 ビジネスモデルを思考する① ──戦略を策定する

4-1　思考して言語化したビジネスモデルが事業計画書の骨子になる！── 90

4-2　対象顧客の設定 ── 92

　顧客市場を再定義する　92
　法人から個人へ　93
　個人から法人へ　94
　同業者を狙う　96
　ホワイトスペースを狙う　97
　「ペルソナ」を設定する　100
　対象顧客を設定するときの手順　101

4-3　提供価値の設定 ── 103

　形になる前の「価値」を問い直す　103
　深層心理レベルのニーズを知る①──インタビュー　105
　深層心理レベルのニーズを知る②──行動観察　107
　提供価値をまとめる　109

4-4　販売チャネルの設定 ── 112

　販売チャネルの変化　112
　販売チャネルの多様性　113
　販売チャネル再構築のキーワード①──購買代理　116
　販売チャネル再構築のキーワード②──オムニチャネル　118
　販売チャネル再構築のキーワード③──人的営業　121
　販売チャネル設計の多様な可能性　123

4-5 プロモーションの設定 ───── 125

プロモーションとはコミュニケーションである　125
3つの顧客接点とプロモーションの活用シーン　126
プロモーションのゴールは「顧客ロイヤルティの獲得」　129
顧客ロイヤルティ獲得のキーワード①──ソーシャルメディア　130
顧客ロイヤルティ獲得のキーワード②──ホスピタリティ　131
顧客ロイヤルティ獲得のキーワード③──ユーザーコミュニティ　133

4-6 課金モデルの設定 ───── 137

おカネをもらって事業は完結する　137
価格水準①──高価格　137
価格水準②──低価格　140
価格水準③──無料（フリーミアム）　142
課金するタイミングの全体像　144
課金するタイミング①──事前課金　145
課金するタイミング②──ランニング課金　146
課金するタイミング③──事後課金　147
セット課金①──フロントエンド＋バックエンド　150
セット課金②──本体＋消耗品　152

4-7 ＸＹフーズのケース──戦略の策定 ───── 154

ここまでの流れ　154
対象顧客と提供価値の設定　154
販売チャネルの設定　157
プロモーションの設定　158
課金モデルの設定　159

第5章 ビジネスモデルを思考する② ——体制を整備する

5-1 戦略を「絵に描いた餅」にしないために ——— 162

5-2 バリューチェーンの設計 ——— 164
内製か外注か　164
開発を起点にする場合　166
製造を起点にする場合　169
販売を起点にする場合　172

5-3 パートナーの選定 ——— 174
どこと組むか？　174
「競合する業者」と組んで参入を加速できないか？　175
異業種と組んで「ラストワンマイル」を埋められないか？　176

5-4 組織体制の構築 ——— 181
既存の事業部門からの独立　181
新規事業部門を孤立させない仕組み　183
既存事業とは異なるＫＰＩ管理　186

5-5 人材マネジメント ——— 188
誰にやらせるのか？　——人材アサイン　188
どのように能力を発揮させるのか？　——評価・処遇　191

5-6 ＸＹフーズのケース——体制の整備 ——— 195
ここまでの流れ　195
バリューチェーンの設計　195

パートナーの選定　196
組織体制の構築　197
人材マネジメント　198

第6章 収益を試算する

6-1 数字に落とし込む ― 202

6-2 売上計画の立て方 ― 204

「かけ算」で考える　204
「月次」で考える　206
「保守的」に考える　207

6-3 売上原価計画、経費計画、投資計画の立て方 ― 209

原価設定はビジネスモデルによって異なる　209
経費は個別に積み上げる　211
初期投資は何か？　追加投資は必要か？　212

6-4 損益計画の立て方 ― 213

6-5 資金繰り計画の立て方 ― 216

6-6 撤退基準の設定 ― 220

CONTENTS

第7章 検証し、計画書に取りまとめる

7-1 最後のひと仕事 ——— 224

7-2 事業リスクとその対応策の検討 ——— 226

リスクの棚卸し　226
リスクの絞り込み　228
リスク対応策の検討　229

7-3 実行工程表の作成 ——— 231

7-4 事業計画書への取りまとめ ——— 232

1．環境分析　233
2．事業展開　239
3．収益計画　245
事業計画書の記載項目と本書の対応関係　248

注釈（参考文献）　249
事業計画書のテンプレート　253

装丁／志岐デザイン事務所（萩原　睦）
本文DTP／一企画

序章

なぜ、事業計画書が必要なのか？

本書のストーリーの設定

　本書は、新規事業開発担当者の主人公が、コンサルタントに相談しながら1つずつ事業計画を形にしていく流れとなっています。
　そこで、まず本書のストーリーの設定から説明していきましょう。

主人公　：　山本健太さん（31歳）
所　属　：　食品メーカーのＸＹフーズ株式会社（年商100億円）
経　緯　：
- 山本さんは、これまでバリバリの営業マンとして活躍した後、この春に係長昇進とともに経営企画室に異動してきました。そこで彼に与えられたミッションが「新規事業の開発」です。
- ＸＹフーズは、食品卸を通じて量販店やコンビニ向けに加工食品・菓子を販売している食品メーカーです。
- ＸＹフーズでは国内市場の成熟化にともない、昨今、売上は横ばいから微減という状況が続いてきました。かねてよりＸＹフーズ内では、新規事業の必要性が叫ばれてきましたが、いままでは掛け声だけに終わっていました。そこで、このたび、経営企画室に専任者を置いて、本格的に担当させることにしたのです。
- 白羽の矢が立ったのが、山本さんです。しかし、いままで営業一筋の道を歩んできた彼にとって、まったく畑違いのテーマに頭を抱えています。
- 会社側としても、さすがに山本さん一人に丸投げするわけにはいかず、ＸＹフーズの顧問コンサルタントをしている西沢さんに依頼し、山本さんのコーチ役として定期的に相談に乗ってもらうことにしました。

こうして、山本さんの新規事業開発に向けた事業計画書の作成作業が始まります。みなさんも山本さんとともに、以下のような構成の事業計画書を完成させるスキルを身につけてください。

●事業計画書の完成例●

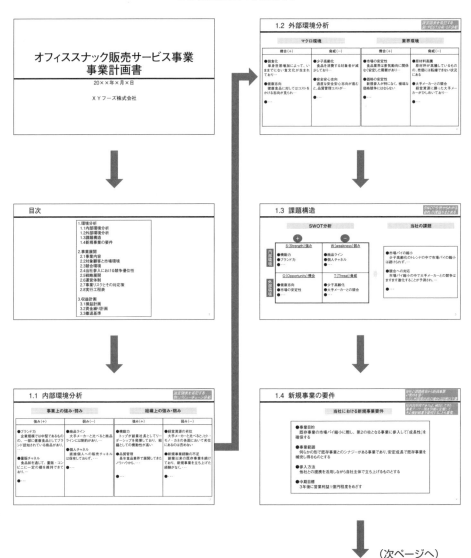

(次ページへ)

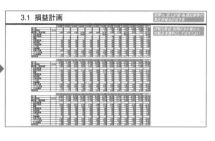

序章 なぜ、事業計画書が必要なのか?

事業計画書とは？

　このたび、新規事業開発担当となりました。山本と申します。よろしくお願いします！

　御社の顧問コンサルタントをしております、西沢です。こちらこそ、よろしくお願いします。
　山本さんは、いきなり新規事業開発担当になったそうで大変かと思いますが、がんばってください。今後は山本さんと定期的にミーティングを行なっていきたいと思いますので、何なりとご相談ください。

　早速ですが、新規事業って、まず、どこから手をつけていけばいいのでしょうか？　いろいろ手当たり次第に経営戦略や事業計画に関する本を読んでみたのですが、やはり事業計画書を作成することが必要という感じですよね。
　いままで営業計画は作成したことがあるんですが、「事業計画」といわれると、どこから手をつけていくべきか……。

　事業計画書とは、まさしく「**事業を進めるうえでの計画書**」です（本書では、適宜「事業計画」という表現も使います）。
　思いついた事業アイデアがどのようなものなのか、どのように優れているのか、具体的にどのように進めていくのかを、文書で「見える化」したものが「事業計画書」なのです。

「事業計画書」と「事業企画書」

　事業アイデアを文書化するという点では、「事業企画書」（あるいは単に「企

●事業計画書と事業企画書の相違点●

	事業計画書	事業企画書
位置づけ	実行段階まで想定した「計画」	前段階での検討のための「コンセプト」
主な記載内容	・事業内容 ・事業環境 ・参入理由 ・戦略 ・実行施策 ・数値計画（収益計画）　など	・事業内容 ・事業環境 ・参入理由 ・想定売上（概算レベル） など

画書」）というものもあります。では、「事業計画書」は「事業企画書」と何が異なるのでしょうか？

「新しい事業の提案」を目的とする点では、両者とも共通しています。また、事業アイデアの内容（どういう事業か？）、事業環境（市場環境は？　競争環境は？）、参入理由（なぜ参入すべきなのか？）を文書化するといった点も共通しています。

両者の相違点としては、「事業計画書」では、言葉どおり、まさしく「計画」の部分が重要で、どう実行していくのかまで記載が必要であるのに対して、「事業企画書」では、そこまでは要求されません。

例えば、事業計画書では、**戦略**（どのような戦い方をするのか？）、**実行施策**（具体的にどのような施策を展開していくのか？）、**数値計画**（利益計画・投資計画などの収益計画はどうなるのか？）というところまで、具体的に記載しなければいけません。

それだけに、一般的に、「事業計画書」のほうが分量は多くなるはずです。

「事業計画書」と「経営計画書」

計画書という点では、「経営計画書」と呼ばれるものもあります。

では、「事業計画書」と「経営計画書」とは何が異なるのでしょうか？

「経営計画書」は、まさしく会社経営全般にわたる計画書です。したがって、会社全体の方向性を記載し、そのうえで社内の事業構成として大半を占める既存事業の施策展開の記載が中心となります。

また、部門別計画にブレークダウンしていきますので、管理部門、製造部門、営業部門といったように、各部門としてやるべきことを記載していきます。
　一方、「事業計画書」は、これから立ち上げる新規事業にフォーカスした計画書です。新規事業であれば、新たに立ち上げる事業について、その背景から説明し、その事業をどのように立ち上げていくのかについて記載していくことになります。
　もちろん、「事業計画書」といっても、「経営計画書」とオーバーラップする部分はあります。特に、ベンチャー企業であれば、新規事業がそのまま会社全体の事業ということになりますので、「事業計画書＝経営計画書」になることが多いでしょう。また、大手企業であっても、「事業計画」という用語を「会社全般の計画」の意味で使っているケースもあります。その意味では、両者の相違はあくまで相対的なものと考えてください。
　ただし本書は、新規事業の開発に向けた「事業計画書」を主軸に考えていきますので、この点について留意してください。

●事業計画書と経営計画書の相違点●

	事業計画書	経営計画書
位置づけ	特定事業を推進するための「計画」	会社全体の方向性を考える「計画」
主な記載内容	・事業内容 ・事業環境 ・参入理由 ・戦略 ・実行施策 ・数値計画（収益計画）　など	・事業環境 ・経営ビジョン ・全社戦略 ・全社数値計画 ・部門別戦略／施策　　など

序-2 事業計画書の目的

山本さん：事業計画書が何かというのは、よくわかりました。でも、そもそも事業計画書は何のために書くのでしょうか？　いろいろな用途がありそうですが……。

西沢さん：事業計画書の用途は多様ですが、大きく分けると、「発想」と「プレゼン」の2点に絞ることができるんですよ。

　事業計画書の目的（用途）は、大別すると「**アイデア発想ツール**」と「**プレゼンツール**」の2つに絞ることができます。

「アイデア発想ツール」としての事業計画書

　第1の事業計画書を作成する目的は、自分でアイデアを考えるための発想のツールとするためです。アイデアは、何も制約がない中で発想するのはかえって難しいものです。一見、何の制約もないほうが自由な発想が生まれそうですが、じつはその逆なのです。

　認知科学者のロナルド・A・フィンケ氏は、認知的アプローチから創造性について研究を行ないました[※1]。彼は、単純な15個の部品から3つの部品を被験者に与え、2分間でそれらをすべて用いて組み合わせ、役に立つ作品（物体）をつくらせるという実験を実施しました。その結果、組み合わせる部品を絞ったり、テーマを適度に絞ったりしたほうが、創造的な作品ができることを実証しました。つまり、**適度な制約があったほうが、創造性が高まる**ということです。

　したがって、何らかの「型」をあらかじめ用意しておいて制約を与えたほうが、人間は発想がしやすくなるのです。

●さまざまなアイデア発想ツール●

・KJ法	・NM法	・オズボーンのチェックリスト
・SCAMPER法	・マンダラート	・マインド・マップ
・ブレインストーミング	・TRIZ法	・MECE　など
・ロジックツリー	・シックス・ハット法	

●MECEとは？●

論理の整合性を保つために、重複やもれを防止する考え方のこと
- **M**：Mutually（相互に）
- **E**：Exclusive（重複なく）
- **C**：Collectively（集合的に）
- **E**：Exhaustive（もれなく）

　また、事業計画書には、後述するように項目の体系があります。つまり、事業計画書自体がフレームワークになっているわけです。この事業計画書の体系どおりに考えていけば、**もれなくダブリなく検討することができる**という点で、「MECE（Mutually：相互に、Exclusive：重複なく、Collectively：集合的に、Exhaustive：もれなく）」を実現することができます。つまり、事業計画書というフレームワークをもとに系統立てて、事業アイデアを発想することが可能になるのです。

「プレゼンツール」としての事業計画書

　第2の事業計画書を作成する目的は、他者に開示および説明するためです。
　新規事業の立ち上げには、多数の利害関係者が関与することになります。それらの人々に対して、やりたい事業の有用性や実現可能性について理解してもらわなければなりません。
　巷では、投資家を説得するには「『エレベータートーク（エレベーターに居合わせた数十秒程度の間に自分の事業アイデアを簡潔に伝えること）』程度でよい、長い話は不要だ」という意見もあるようですが、エレベータートークだけで投資家を説得できることは稀です。
　もちろん、一瞬で相手の気をひくためにはエレベータートーク的なつかみ

も必要でしょうが、実際に新規事業を立ち上げるときには、やはり具体的な事業計画書が必要になるのです。

では、事業計画書に求められるものは何でしょうか？

それは、投資家や経営陣などの利害関係者である聞き手に「**納得感**」を与えるということです。人間は、自分で納得したことでないと、本当の意味で動かないからです。では、その聞き手に納得感が生まれるポイントは何でしょうか？

そのポイントは、「**整合性**」です。整然とした説明をしてもらうと、聞き手としては納得しやすいものです。したがって、事業計画書には、整合性のある説明が必要なのです。

コンサルタントである筆者は、仕事柄、起業家や新規事業開発担当者の方々と話をする機会がよくあります。その際によく目の当たりにするのが、整合性の欠如、つまり計画内の各要素に一貫性がないという状態です。

例えば、環境分析の読みがあまりに楽観的すぎたり、商品特性とマーケティング戦略がチグハグだったり、そもそも施策に実現可能性がなかったりという状態です。そのような説明について、どれほど熱を込めて力説されたところで、投資家や経営陣などの意思決定者は納得することができません。とても資金を出そうとは思えないのです。起業家や新規事業開発担当者の方々は「どうして、わかってくれないんだ。頭が固い！」と不満をぶつけてきますが、それは独りよがりというものです。

これは、逆に意思決定をする立場になってみれば、簡単に理解できるはずです。多額の投資について意思決定をする立場の人間が、熱弁と数枚のレジュメ程度の資料だけで決裁してくれるでしょうか。

そのレベルで多額の投資を決定する人は、まずいないでしょう。したがって、整合性のある事業計画書が必要になるのです。

序章　なぜ、事業計画書が必要なのか？

序-3 事業計画書は誰に見せるものか？

山本さん　なるほど、よくわかりました。事業計画書は、自分自身で考えるツールにもなるし、他人に説明するツールにもなるということですね。

西沢さん　そのとおりです。では、説明する関係者（相手）としては、どういう方々がいると思いますか？

山本さん　起業家の方だったら、ベンチャーキャピタリストのような投資家ということになるんでしょうが、私の場合は企業内で新規事業を立ち上げるので、意思決定をする経営陣ということになるんだと思います。

西沢さん　確かに、そうですね。しかし、その前にも後にも新規事業について説明すべき関係者はたくさんいるんですよ。

　序-2で述べたように、事業計画書は、アイデア発想ツールであるとともに、プレゼンツールです。では、そのプレゼン対象にはどのような関係者がいるのでしょうか。

　すぐに想定されるのは、「**資金の出し手**」だと思いますが、それ以外にも多様な関係者がいます。

経営陣と社内関係部署

　山本さんのように、企業内で新規事業を立ち上げるのであれば、新規事業参入の意思決定を行なう経営陣が、最大のプレゼン対象ということになります。

　企業の特性によって異なる場合もありますが、基本的に経営陣は保守的だ

と考えたほうがよいでしょう。通常、現状の経営陣は、いまの主力事業である既存事業で出世してきた方々である以上、新規事業立ち上げの経験をもっている方はめずらしいはずです。彼らは新規事業の重要性を理解していながらも、既存事業以外の事業に対する鑑識眼をもっているわけではないと思ったほうがよいでしょう。

また、そもそも一定規模の中堅企業または大手企業であれば、それ相応の決裁の仕組みが構築されているので、経営陣に答申する前に関係各部署への根回しは不可欠です。この経営陣に答申する前の根回しに数か月かかることも少なくありません。彼ら（関係各部署）もまた、新規事業に対する目利きができるわけではないからです。

そのときに重要となるのは、事業説明の「わかりやすさ」と計画全体の「詳細さ」です。そもそも、どんな事業なのかを相当かみ砕いて説明することと、そのうえで詳細な調査に基づいた記述が求められるのです。

「社内向けの資料を作成するのに、多くの時間を費やすなんて馬鹿らしい。これだから日本企業はダメなんだ！」という意見もよく聞きます。しかし、そのような意見は正論といえますが、大人の対応とはいえません。会社のおカネを使って事業を行なう以上、洋の東西を問わず、社内向けの資料といえども、しっかりしたものを作成する必要があります。

外部投資家

自分が起業家として事業の立ち上げを狙う場合は、外部からの「資金の出し手」が事業計画書の最大の対象者となるでしょう。また、企業内で新規事業を立ち上げる場合でも、「社内ベンチャー」として立ち上げた後に外部投資家からの出資を受け入れるという機会も十分あり得るので、当初から外部投資家の目を意識しておくことは大切です。

外部投資家からの資金提供を大きく分けると、「**出資**（エクイティによる資金提供）」と「**融資**（デットによる資金提供）」とがあります。

前者の「出資」をする代表は、**ベンチャーキャピタル**です。彼らに見せるべきポイントは、「**成長性**」です。ベンチャーキャピタルも、投資先のすべ

てがうまくいくとは考えていません。すなわち、「ポートフォリオの中で一定割合の出資先が急成長を遂げれば十分」と考えているのです。

したがって、ベンチャーキャピタルに対しては、新規事業がどれだけ成長するのかについて、筋道を立てて説明できることが大切です。彼ら投資家の間では、成長シナリオに基づいた事業計画書を「**コーポレートストーリー**」という呼び方をします。まさしく事業計画書とは、ストーリー性をもって、筋道を立てて説明するべきものなのです。

一方、後者の「融資」をする代表は、**銀行**です。彼らに見せるべきポイントは、「**安全性**」です。彼らが受け取るリターンは金利収入だけですので、融資先に大化けしてもらう必要はない代わりに、破綻されては困ります。確実な返済が何よりも重要なのです。成長性よりも、安全性（確実性）が新規事業に求められるということです。

したがって、事業計画書を開示する相手によって、重点を置くべきポイントは自ずと異なることになります。事業計画書で提案する新規事業の内容自体が同一であっても、強調するポイントを変えたり、説明の力点を変えたりするなど、柔軟な対応が必要になります。

国や自治体

もし、公的な助成金を申請するということであれば、国や自治体なども対象になります。彼らも広義では資金の出し手ではありますが、民間の投資家と異なるのは、より強く「**社会的意義**」を求めるということです。

昨今は、「**ＳＤＧｓ（エスディージーズ：持続可能な開発目標）**」という言葉をメディアで見かけるようになりました。持続可能な社会を実現するために、2015年9月の国連サミットで採択された「持続可能な開発のための2030アジェンダ」に記載された国際目標のことです。国や自治体もこれらのテーマを意識して政策決定をしていることはいうまでもありません。

また、民間ファンドの間でも、「**ＥＳＧ投資**（環境：Environment、社会：Social、企業統治：Governanceに配慮した企業を選別して行なう投資）」という考え方が注目を浴びています。

(出所) 外務省サイト「持続可能な開発のための2030アジェンダ」
〔http://www.mofa.go.jp/mofaj/gaiko/oda/files/000270935.pdf〕

したがって、事業計画書の中でも、「地域貢献」「環境保護」「少子高齢化」などの社会的意義との関係をアピールすることも有効でしょう。

パートナー候補先

　新規事業を立ち上げる場合は、必ずしも自社のリソース（経営資源）やノウハウだけで完結できるとは限りません。むしろ、リソースやノウハウが不足する場合のほうが通例ですので、それらを補完してくれるパートナー企業の存在が不可欠です。

　したがって、リソースやノウハウを補完してくれる意中の会社をパートナーとして口説き落とせるかどうかは、「事業成功の決め手」となり、その説得材料として事業計画書が大切ということになります。

　パートナー候補先を説得する際に彼らにアピールするべきポイントは、経済的な「**メリット**」と、共感できる「**ビジョン**」です。

　新規事業を一緒にやるということは、パートナー企業も一定のリスクを負うわけですから、それ相応のリターンを求めることになります。つまり、自

社とパートナー企業の関係は、いわゆる「Win-Win」の形でなければなりません。

 そこで、通常の事業計画書とは別に、成果配分の考え方やスキームなどは別紙にまとめて添付し、パートナー候補先のメリットを明確にしておいたほうがよいでしょう。

 ただ、パートナーシップとして一緒にやっていく理由としては、損得勘定だけとは限りません。人を動かすのは、「おカネ」だけではなく「大義名分」も大切です。パートナー候補先の企業の琴線に触れるような社会的意義などをビジョンとして明確にしておくことは、やはり重要です。

序-4 事業計画書の書式

山本さん　事業計画書に公式の書式(フォーマット)というのはあるのでしょうか。何かあったほうが書きやすいと思いまして。

西沢さん　確かに、そうでしょうね。事業計画書の場合は、財務報告書類などと違って、「公式」のフォーマットというものはありません。ただ、記載すべき項目はありますので、ご紹介しますね。

事業計画書は、財務諸表とは違って、法定の書式が決まっているわけではありません。極言すれば、何を書こうが自由です。

しかし、そういわれると困ってしまうと思います。例えば、オープンにされているものだけでも、次のような事業計画書の書式の例があります。

●総務省「ＩＣＴベンチャー向け事業計画」(事業計画書の書式例１)●

1. エグゼクティブサマリー
2. 会社概要
3. 主要経営陣の略歴
4. 事業ビジョン
5. 製品・サービスの特長とビジネスモデル
6. ターゲット市場と市場規模
7. 顧客・ユーザー特性
8. 勝ち続けるための独自の優位性
9. 戦略的提携
10. 事業戦略のまとめ
11. 全体スケジュール
12. 社内組織：開発・調達・生産・営業体制
13. 実行計画
14. 数値計画
15. 事業リスクの整理と対応

(出所)　総務省サイト「事業計画作成とベンチャー経営の手引き」
〔http://www.soumu.go.jp/main_content/000170365.pdf〕

●東京都中小企業振興公社「事業計画書」（事業計画書の書式例２）●

```
1. 会社概要
2. 創業動機、ビジョン
3. 事業内容
4. 競合分析と競争優位性
5. ターゲット市場
6. マーケティング状況・結果
7. ビジネスモデル
8. 販売計画
9. 仕入・経費計画
10. 事業化計画
11. 店舗計画
12. 資金計画
13. 資金繰り表
14. 収支計画
15. 事業リスク
```

（出所）　東京都中小企業振興公社「ＴＯＫＹＯ創業ステーション」サイト
〔https://www.tokyo-kosha.or.jp/station/services/planconsulting/jigyo-keikakusho.html〕

　これらの書式を最大公約数的に考えると、次のような構成となります。

① 　**環境分析**：どういう市場なのか？　競合は？　自社の強み・弱みは？
② 　**事業展開**：どんな事業内容なのか？　どういう戦略でいくのか？
③ 　**収益計画**：どのように儲かるのか？　どういう投資が必要なのか？

　こうした観点から、本書で提示する書式は右ページのとおりです。本書で解説する事業計画書は、社内で経営陣に答申することを前提としていますので、社外に開示する場合は若干異なりますが、本質的には同様の流れで検討すればよいでしょう。
　もちろん、「こうでなければならない」というものではなく、１つの目安として考えてください。個別の項目については、第１章以降で具体的に説明していきます。

●事業計画書の項目例●

1．環境分析
　1.1　内部環境分析
　1.2　外部環境分析
　1.3　課題構造
　1.4　新規事業の要件

2．事業展開
　2.1　事業内容
　2.2　対象顧客と市場環境
　2.3　競合環境
　2.4　当社参入における競争優位性
　2.5　戦略展開（例：販売チャネル・プロモーション・課金モデル）
　2.6　運営体制（例：バリューチェーン・パートナー・組織体制）
　2.7　事業リスクとその対応策
　2.8　実行工程表

3．収益計画
　3.1　損益計画
　3.2　資金繰り計画
　3.3　撤退基準

序-5 「事業計画書なんて不要だ！」という誤解

山本さん　新規事業について、いろいろ手当たり次第に本やネット記事を読みましたが、「事業計画書を書いているヒマがあったら、まずは現時点で思いつくアイデアを実践するのみ！」っていう意見も目にしたんですが、そのあたりはどうなんでしょうか？

西沢さん　確かに最近、特にベンチャー企業向けの本などでは、「事業計画不要論」が叫ばれています。「事業計画書なんて、つくっても環境はすぐに変わるのだから、そんなものをつくっても無意味だ」という議論ですよね。

山本さんは、そのような意見について、どう思いますか？

山本さん　どうって、いわれましても……。確かに、計画どおりに進むベンチャーなんて、ないように思いますが……。

西沢さん　だったら、事業計画書をつくらずに、新規事業を立ち上げてみましょうか？

山本さん　いやぁ、それもまた難しそうですよね……。そもそも、アイデアをたくさん出すところから始めなければいけないし、そのアイデアが成功するかどうか、自分なりに検証しなければならないですし、とても難しいですよね。

西沢さん　どうやら、山本さんは、事業計画書というものを少し誤解されているようですね。

山本さん　えっ？？

　みなさんは、この二人のやりとりを読んで、どのように考えましたか？
　昨今のベンチャービジネスの世界では、「事業計画不要論」が唱えられが

ちです。いくら綿密に計画を立てても、そのとおりに事業は進捗しないし、事業環境が目まぐるしく変わるため、「事業計画は役に立たない」というわけです。

例えば、「リーン・スタートアップ」という考え方が、少し前に脚光を浴びました。シリコンバレーでベンチャーの立ち上げに成功したエリック・リース氏が、自分の体験をもとに提唱した起業の方法論です[※2]。

まず、新しい商品のアイデアを思いついたら、コストをかけずに最低限の機能をもった試作品（ＭＶＰ：Minimum Viable Product、**実用最小限の製品**）を短期間で作成し、顧客に提供してみます。例えば、ネット関連事業であれば、画面イメージの絵コンテでもよいといった具合です。

試作品を顧客に見せて、その反応から、その商品のどの部分が顧客に受容されるのか、どの部分に課題があるのかを把握し、その試作品を改良していきます。そうして改良した試作品を再度、顧客に提供して反応を見ます。このような試行錯誤を短いサイクルで繰り返すことで、起業や新規事業の成功確率を高めていくというわけです。すなわち、「構築－計測－学習」のフィードバックループを回しながら、軌道修正を繰り返して成功に近づいていくということです。

この考え方自体が間違いだとは、筆者も思いません。近年の起業の実態を考えれば、じつに現実的な示唆といえるでしょう。

とはいえ、「実践だけでよい」「事業を立ち上げるのに、事業計画なんて不要だ」というのは極論です。精緻さのレベルはともかく、何らかの形で事業計画は立てていくべきものです。むしろ、リーン・スタートアップの考え方と事業計画をつくるときの考え方は矛盾するものではなく、それらを両立させれば事業の成功確率は高まります。

つまり、事業計画も、リーン・スタートアップの考え方に基づき、顧客ニーズを把握して試行錯誤を繰り返しながら、スパイラルに精緻化していくべきなのです。

「事業計画不要論」を唱える人々が誤解しているのは、事業計画を「静態的」なものとしてとらえている点です。つまり、「事業計画は一度立てたら、それでおしまい」と考えているのです。仮にそうであれば、そんな事業計画は

不要です。

　事業計画は、その都度軌道修正をしていくべき「**動態的**」なものであるべきです。まずは、ラフな形でよいので自分なりのアイデアを取りまとめて言語化することから始めます。そして、知人や見込客の意見を聞き、投資家と対話を行ない、商品やサービスの内容を再検討し、徐々にブラッシュアップしていくべきなのです。まさしく、リーン・スタートアップの考え方と同じように、トライアンドエラーで事業計画を軌道修正していく必要があるのです。

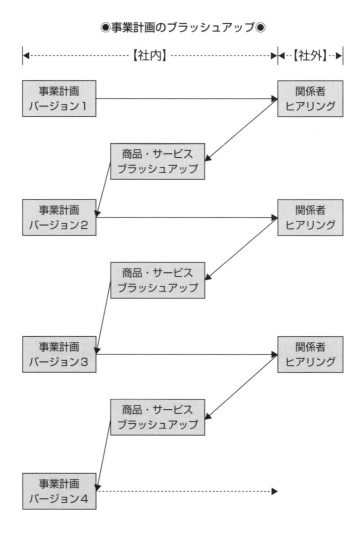

◉事業計画のブラッシュアップ◉

序-6 新規事業開発担当者にありがちな失敗

　そろそろ、事業計画書を書いてみたいと思います。やはり、いまどきのAIとかIoTとかで新規事業ができればって、思っているんですよね。何かよいアイデアはないでしょうか？

　ちょっと待ってください。AIやIoTで本当にいいんですか？なぜ、御社がそれらに取り組むべきなのでしょうか？

　やはり、注目を集めている成長分野がいいのではないかと思ったからです。成長分野なら別に、環境でもヘルスケアでもいいんですけど……。

　成長分野だから成功するとは限りませんよね。それと、いま、さまざまなメディアで注目を浴びている段階ですから、もうすでに先行者がいるわけです。成長分野には各社が注目していて一斉に参入しようとするので、それだけ競争も厳しくなるといえます。もう少し、じっくり考えたほうがよいと思います。

　確かに、そうかもしれませんが、「タイムイズマネー」っていうじゃないですか。なるべく早く、スピーディに事業を立ち上げたほうがいいのではないかと思いますが……。

　そんな考え方では、新規事業は失敗してしまいます。ただでさえ、新規事業は不確定要因が多いので、冷静に考えれば成功確率は高くはありません。ましてや、山本さんの場合、自分のおカネではなく、会社のおカネを使うことになるので、新規事業に参入するか否かは慎重に考えなくてはなりません。事を進めるには順序というものがありますよね。「急がば回れ」ですよ。

　では、どう進めていけばよいのでしょうか？

この二人のやりとりを見て、みなさんはどう思われたでしょうか？
　新規事業の開発を任された担当者がよく陥る失敗の典型的なパターンは、次の2つです。

・決め打ち症候群
・情報収集症候群

　1つめの"決め打ち症候群"とは、とりあえず事業テーマを決めてしまいたがるというパターンです。担当者として任された人にはそれなりのプレッシャーがありますので、進捗しているところを経営陣など会社側にアピールしたいという思いが強くなります。とりあえず、注目されている分野の中から事業テーマを決めて、それについて調査していれば、進捗状況をアピールできるというわけです。ＸＹフーズの山本さんは、このタイプですね。
　しかし、その事業テーマが自社に適切か否かはわかりませんし、ましてや成功するかどうかは不確かです。
　2つめの"情報収集症候群"とは、逆に何をしていいか決めかねているため、手当たり次第に情報収集に奔走するというパターンです。ネットや文献を調査したり、コンサルティング会社に相談したりすることに終始するわけです。
　このタイプの担当者はいろいろと豊富に情報を集めてはきますが、その後の一歩が踏み出せません。そういうやり方では、あっという間に1年くらい経ってしまいます。
　もちろん、目的をもって情報を収集することは大切ですが、目的をもたずに、ただ単に「いま、何が流行（はや）っているのか？」「同業他社はどうしているのか？」を探っているだけでは、一向に前へ進めません。

序-7 事業検討フローとは？

山本さん
　いろいろ考えてみたのですが、例えば、前（序-6）に教えていただいた事業計画書のフォーマットどおりに考えていくというのはどうでしょうか？
　事業計画書の項目を網羅すれば事業展開がうまくいくはずですから、その項目の順番どおりに検討していけばいいのではないかと考えたのですが……。

西沢さん
　確かに、その考え方は悪くないですね。
　ただ、事業計画書は、事業テーマが決まっていることを前提に書かれているものですから、いまの山本さんのように、事業テーマが決まっていない状態では使えません。
　まずは、イチから新規事業を検討していって、その内容が固まってから、事業計画書を初見の方でもわかりやすく記載していくことになります。
　ですから、実際に新規事業を検討する手順と事業計画書を作成する手順とは少し異なります。

山本さん
　では、どのような流れで新規事業を検討していけばよいのでしょうか？

　新規事業の検討は、どのように進めていけばよいのでしょうか？
　もちろん、この進め方についても、いろいろな考え方がありますし、なかには「トライアンドエラーしかない」という極論をとる人もいるでしょう。
　しかし、前述したように、会社のおカネで新規事業を立ち上げる以上、経営陣などの利害関係者から理解を得るには、相応のロジックに基づき、相応の手順で事業の検討を進めていく必要があります。そうすれば、決して高く

はない新規事業の成功確率を少しでも高めることができます。

このような観点から筆者が導き出した新規事業の検討の手順を、本書では**「事業検討フロー」**と命名することにします。

事業検討フローと事業計画書の違い

では、この「事業検討フロー」は「事業計画書」と、どのような関係にあるのでしょうか？

「事業検討フロー」とは、何も決まっていない混沌の中から、実際にアイデアを出して事業内容を構築していくまでに、どのようなステップで考えていくかという検討の流れのことを指します。つまり、事業発案者自身のための検討ツールとなります。

一方、「事業計画書」は、事業検討フローによって事業テーマと事業内容の検討が完了したうえで、読み手に納得してもらいやすいように事業テーマや事業内容を説明する文書のことです。つまり、読み手のためのプレゼンツールともいえるでしょう。

したがって、事業計画書を作成する場合、実際には、「事業検討フロー」で事業テーマや事業内容を具体的に固めてから、「事業計画書」の項目に沿って再構成するという流れになります。

●事業検討フローと事業計画書の関係●

「事業検討フロー」による事業テーマと事業内容の具体化
↓【再構成】
「事業計画書」の項目に沿って、読み手を意識した構成で記載

事業検討フローの7つのステップ

では、実際の「事業検討フロー」とは、どのようなものなのでしょうか？
まず、第1ステップでは、自社の「**環境分析**」を行ないます。

起業家がイチから事業を起こすのであれば不要ですが、いま存在する会社が新たに事業を起こす場合には、いまの会社（自社）の状況、既存事業の状況を客観的に分析する必要があります。

新規事業とはいえ、その多くは何らかの形で既存事業に関連する事業になる可能性が高いので、既存事業の事業環境を確認しておくことは必要です。

「既存事業の将来環境はどうなるのか？」「既存事業の周辺で伸ばせそうな分野はないのか？」「仮に、まったく既存事業とは異なる分野、いわば『飛び地』の事業に参入するとしても、どの程度の投資が可能なのか？」「どの程度の事業規模が必要なのか？」「どういう事業特性のものに参入すべきなのか？」といったように、いまの会社の状況を客観的に分析することによって、新たな発見を得られることもあるはずです。

この環境分析には、「**内部環境分析**」と「**外部環境分析**」の2つがあります。

第2ステップでは、「**要件定義**」を行ないます。

最初に、**事業目的**について確認します。新規事業と一口にいっても、その方向性は多様です。事業である以上、収益を上げなければいけないのは当然ですが、そもそもの参入目的について、全社戦略の観点から経営陣とすり合わせをしておく必要があります。

次に、**新規事業の数値目標**を確認します。具体的には、会社全体の経営目標を達成するうえで、既存事業だけでどの程度達成できるのかを把握し、その既存事業による達成分と経営目標との差が新規事業の必要規模になります。この必要規模を、新規事業の事業範囲として決定します。つまり、「どのような範囲で事業テーマを検討するのか？」を決めるのです。

そして、参入方法を決定します。つまり、「自前で立ち上げるのか？」「M＆Aを使うのか？」「どの程度の投資規模とするのか？」を決めます。

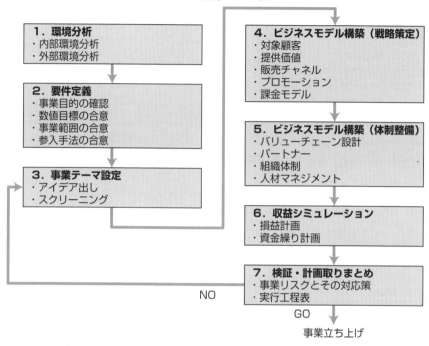

　第3ステップでは、「**事業テーマの設定**」を行ないます。

　まずは、先ほど定義した要件に基づいて、いろいろとアイデアを出していきます。この段階では、「**アイデアを発散させる**」、つまりアイデアを出し尽くしていくことが大切です。

　その後、出し尽くしたアイデアを絞り込んでいきます。その際には、スクリーニング基準（絞り込むための基準）を明確にすることが大切です。

　第4ステップと第5ステップでは、「**ビジネスモデル構築**」を行ないます。つまり、新しいビジネスモデルを思考し、それを見える化します。

　第4ステップでは、「**戦略策定**」を行ないます。第3ステップで絞り込んだ事業テーマについて、「具体的に、どのようなマーケティング戦略でやっていくのか？」などについて検討していきます。

第5ステップでは、「**体制整備**」を行ないます。第4ステップで策定した戦略を実現するために、「どのような社内体制や仕組み（仕掛け）をつくる必要があるのか？」について検討していきます。

　第6ステップでは、「**収益シミュレーション**」を行ないます。数値計画（収益計画）を作成しつつ、「どのように儲けていくのか？」を検討していきます。

　第7ステップでは、「**検証**」と「**計画の取りまとめ**」を行ないます。社内での議論と、社外での議論を重ねていきます。それらの議論を踏まえて、必要な場合には適宜、ビジネスモデルを再構築していくこともあります。
　何度も検証を重ねてブラッシュアップを続けていくことによって、より成功確率の高いビジネスモデルを思考することができます。ブラッシュアップを続けながら成功に近づけていくという点では、まさしく、前（序−5）で説明した「リーン・スタートアップ」の考え方を実践していくようなイメージとなります。

　もちろん必ずしも、この手順をすべて踏む必要はありません。
　例えば、他部門のほうで自社の現状分析はすでに完了しており、その情報を共有できている場合には、ステップ2の要件定義から開始すればよいでしょう。また、「既存商材を使って介護サービス分野への参入を検討せよ」というように、明確な事業テーマが経営陣から指示されているのであれば、ステップ4の「戦略策定」から開始すればよいわけです。
　要するに、新規事業の開発担当者が、「どのような範囲で業務を任されているか」に応じて、検討するべきステップが省略できるということです。
　ただ、少しでも上流のステップから検討するほうが、より深いレベルでの再検討ができ、また、よりドラスティックな発想ができます。
　先ほどの例のように、「既存商材を使って介護サービス分野への参入を検討せよ」という指示が経営陣から与えられた場合、ふつうに考えれば、ステップ4から開始して、具体的な販路開拓、社内体制などを考えたほうが、スピーディに事業を検討できるはずです。

しかし、あえて第1ステップの「環境分析」から再検討してみたらどうでしょうか？

「既存の介護事業者をM＆Aしたほうがよいのでは？」とか、あるいは「既存商材の拡販が目的ならば、別の業界に参入するほうが有望なのでは？」といった発想も出てきます。もちろん、それは、組織に身をおく新規事業開発担当者としては越権行為にもなりかねないので、そうした提案には工夫が必要です。

経営陣からの指示どおりに新規事業の案を提示したうえで、参考意見として、より上流のステップから再検討することによって導き出した代替案を提示するといった工夫を施すなども考えられるでしょう。

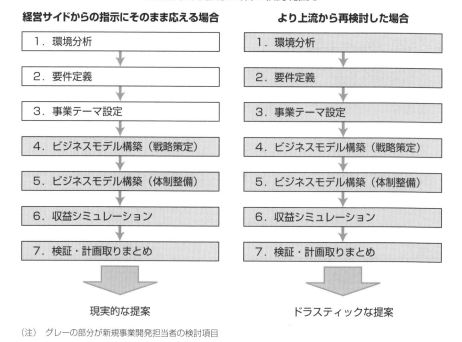

●新規事業開発担当者の検討範囲●

(注) グレーの部分が新規事業開発担当者の検討項目

第1章

環境を分析する

1-1 なぜ、環境分析が必要なのか？

　　　環境分析というのは、外部環境分析や内部環境分析っていうやつですよね？

　　　よくご存じですね。

　　　以前、経営戦略の基礎研修は受けたことがあるものですから。でも、新規事業のテーマが決まらないと、まだ環境分析する段階ではないですよね？

　　　いえいえ、分析するのは、いまの御社を取り巻く環境についてですから、新規事業のテーマを決める前に行なうのですよ。

　　　新規事業を開発していくわけですから、いまさら当社の環境分析を行なってもムダなような気がするのですが……。

　　　本当にそうでしょうか？

　環境分析とは、その名のとおり、企業およびそれを取り巻く環境を分析することです。
　「新規事業を考えるのに、いまさら環境分析なんて必要ないだろう？」と思われる方も多いかもしれません。
　しかし、ゼロベースで事業を立ち上げる起業家とは異なり、既存の企業内で新規事業の立ち上げについて考える以上、「既存事業が今後どうなっていくのか？」を検討する環境分析は避けては通れません。
　まずは基礎的なところから、改めて説明していきます。
　すでに、環境分析についてご存じの方も復習のつもりで本章を読み進めてください。

1-2 内部環境分析とは？

バリューチェーン分析

　会社自体の内部環境を分析するフレームワークを紹介していきましょう。

　まずは、事業活動を具体的に分解して分析する手法です。その手法の代表例が、「**バリューチェーン**」あるいは「**ビジネスシステム**」と呼ばれるものです。バリューチェーンとは、かの有名なマイケル・ポーター教授が提唱したモデルで、企業活動を上流の購買物流から下流のサービスまでの流れとして体系化したものです。

　ポーターの「バリューチェーン・モデル」では、事業の流れに沿って「購買物流」「製造オペレーション」「出荷物流」「マーケティングと販売」「サービス」の5つの『**主活動**』と、これら主活動をサポートする「調達活動」「技術開発」「人的資源管理」「全般管理（インフラストラクチャ：財務、法務、

●ポーター提唱のバリューチェーン●

支援活動	全般管理（インフラストラクチャ）					マージン
		人的資源管理				
		技術開発				
		調達活動				
	購買物流	製造オペレーション	出荷物流	マーケティングと販売	サービス	マージン
	主活動					

（出所）　マイケル・ポーター『競争優位の戦略』ダイヤモンド社

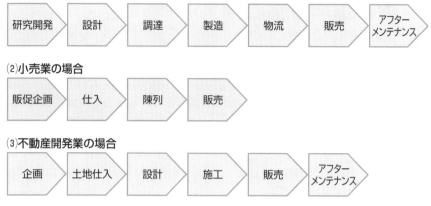

●広義のバリューチェーンの例●

(1)製造業の場合
研究開発 → 設計 → 調達 → 製造 → 物流 → 販売 → アフターメンテナンス

(2)小売業の場合
販促企画 → 仕入 → 陳列 → 販売

(3)不動産開発業の場合
企画 → 土地仕入 → 設計 → 施工 → 販売 → アフターメンテナンス

情報サービスなど）」の４つの『支援活動』に分解しています。

　これらの構成要素ごとに、**付加価値**と**コスト**を分析し、どの部分に「**強み**」または「**弱み**」があるかを検討し、そのうえでバリューチェーンを再設計することが競争優位構築につながる、とポーターは提唱しています。

　また、ここまで厳密なものでなくても、一般的に業務や事業の流れを図示したフレームワークを広義に「バリューチェーン」や「ビジネスシステム」と呼ぶことがあります。むしろ、こちらのほうが一般的であるため、本書では、業務や事業の流れを表すフレームワークをバリューチェーンという名称で統一して表記することにします。

　では、新規事業を開発する際に、事業活動の流れをバリューチェーンを活用して分析する意味は何でしょうか？
　それは、１つひとつの事業活動（構成要素）の中で自社の強みを分析し、そこを起点に新規事業の展開を考えるきっかけとするためです。
　本来、「強み」というのは、同業他社と比較した場合に使う表現です。「同業他社に比べて販売力が強い」とか、「特許を取得している点で、ライバルA社に比べて研究開発力に強みがある」といった具合に考えるべきです。

しかし、他社との対比が明確にわからないという場合がよくあります。なぜなら、競合が上場企業ばかりとは限りませんし、上場企業でいくら情報開示が行なわれていたとしても、本当の意味で内部環境の強みがどこにあるかは判断しにくいものだからです。なかなか、教科書どおりの競合分析を行なうことは難しいのです。

そこで次善策として、自社の構成要素（事業活動）同士を相対的に比較して考えることにします。自社内での比較ならば、例えば「研究開発や製造よりも販売に強みがある」ということはできるでしょう。少なくとも、自社の新規事業の開発および展開を考えていく際に、相対比較により自社の強みと考えられる要素を起点にすることは、妥当で、かつ容易な判断といえます。

一方、「弱み」の部分は、他のプロセスに対する影響の大小を検討する必要があります。他のプロセスへの影響が小さいと判断される場合には、強みを起点とした戦略を策定しても構いません。

しかし、他のプロセスへの影響が意外に大きいことが判明した場合には、そのプロセスが事業全体における「**ボトルネック（うまくいかない原因）**」となっている可能性があります。そのときには、他社との業務提携や戦略的同盟などのアライアンスによる補完を選択肢として考えるべきでしょう。

7S分析

「7S」とは、米国に本社を置くコンサルティング会社のマッキンゼー・アンド・カンパニーによって提唱された企業分析のフレームワークです。

「Shared value（共通の価値観）」「Style（経営スタイル）」「Staff（人材）」「Skill（スキル）」「Strategy（戦略）」「Structure（組織構造）」「System（仕組み）」の7つの項目で構成されます。

なお、前者4つの項目を「ソフトの4S」、後者3つの項目を「ハードの3S」と区分しますが、特にShared Value（共通の価値観）は、ソフトとハードの両方の結節点として重要視されています。

この7Sは、自社の企業風土を分析するときに効果を発揮します。既存企業における新規事業の成否は、新規事業に関わる業界の特性が自社の既存事

業と整合するかどうかが決め手となります。

例えば、製造業の会社とIT業界の会社とでは、意思決定の判断軸やスピード感がまったく異なります。既存商材をもとにIT事業（ネット事業）に参入するという場合、単にチャネルが新しくなるだけだと安易に考えてしまうと、うまくいかないものです。

したがって、まずは自社の企業風土を冷静に分析する必要があります。同じ特性をもつ業界に参入するのであれば、自社の企業風土を変える必要はありませんが、もし異なる風土をもつ業界に参入するのであれば、当初から別会社化して意思決定構造を既存事業と切り離すなど、組織レベルの対応が必要になります。

●7S分析のフレームワーク●

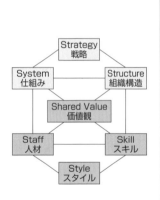

項目	概要
戦略 (Strategy)	全社戦略、中期経営計画など
組織構造 (Structure)	組織のあり方（例：事業部制、持株会社制など）や形式
仕組み (System)	人事制度、情報システムなど
価値観 (Shared Value)	理念やビジョンなど、社員が共有している価値観
スキル (Skill)	営業ノウハウや技術体系など、組織に蓄積された能力
人材 (Staff)	社員一人ひとりの能力
スタイル (Style)	社風や組織文化など、社内に根づいている行動規範

1-3 外部環境分析とは？

PEST分析

　企業を取り巻く世のトレンドとしての環境を、「**マクロ環境**」といいます。このマクロ環境を分析するフレームワークとしては、「**PEST分析**」が有名です。これは、「政治的環境（Political）」「経済的環境（Economic）」「社会的環境（Sociological）」「技術的環境（Technological）」の4つの側面からマクロの外部環境を分析するものです。

　PEST分析によって表れるマクロ環境は、基本的には一企業にとってコントロール不可能な「所与の条件」と考えたほうがいいでしょう。

　政治的環境は、主に法規制の形で表れ、関連業界に直接的な影響を与えます。例えば、金融商品取引法によって上場企業に対する「内部統制制度」が法制化されたことは、システムコンサルティング業界やIT業界に特需をもたらしました。

　しかし、そのような法規制だけでなく、そもそもの政治的潮流を見逃すことはできません。例えば、いわゆる「アベノミクス」によって官邸主導の成長戦略が展開され、農業、医療、エネルギー、インフラ輸出などが脚光を浴

●PEST分析の概要●

項目	概要	例
P：政治的環境 （Political）	政治的潮流 法規制	・アベノミクス成長戦略 ・金融商品取引法
E：経済的環境 （Economic）	経済動向	・景気動向 ・株価動向
S：社会的環境 （Sociological）	人口動態 社会潮流	・少子高齢化 ・シェアリング志向
T：技術的環境 （Technological）	技術潮流	・スマホ技術 ・AI技術

びました。これも、政治的環境の変化としてとらえる必要があります。

　経済的環境は、まさしく景気動向や株価動向に表れます。景気の良し悪しは、新規事業の展開に大きな影響を与えます。不況時には不況時なりのビジネスチャンスがあり、例えばロープライス型の事業が流行るでしょうし、苦境に陥る会社が増えるので、M＆Aによる新規事業への参入も割安に実行することが可能です。

　社会的環境の中でも、人口動態は、唯一ほぼ確実に予測できる要素です。少子高齢化は、将来的にほぼ確定した要因として考える必要があります。それ以外の社会的潮流でも、シェアリングエコノミー、ダイバーシティ、安全・安心志向など、どの業界にも影響を与えるものがあるでしょう。

　技術的環境は、各業界に固有のものだけでなく、どの業界にも影響を与えるものは押さえておく必要があります。一例として、この10年間を牽引してきたのはスマートフォン（スマホ）関連の技術でした。そして今後は、ＡＩ技術、ロボット技術などが産業全体を牽引することになると思われます。

５Ｆ分析

　業界固有の環境を分析するフレームワークが、「**５Ｆ分析**（Five Forces：５つの競争要因分析）」です。

　このフレームワークの優れているところは、業界における競争要因が、既存の同業他社だけではないということに気づかせてくれる点です。自分のことは自分が一番よくわかっているようで、そうでもないという場合がよくあります。それと同じように、自社のことは、なかなか客観視できないものです。そうした場合に、企業の近視眼を補正してくれるのが、この５Ｆ分析なのです。

　まず、今後新しく参入してくるであろう「**新規参入業者**」を想定する必要がありますし、自社商品以外に代替できる商品、つまり「**代替品**」にも目を配る必要があります。例えば、音楽業界、テレビ業界、カメラ業界など、さまざまな業界において、代替品や代替サービスとして立ちはだかってきたのが、スマホでした。

●５Ｆ分析の概要●

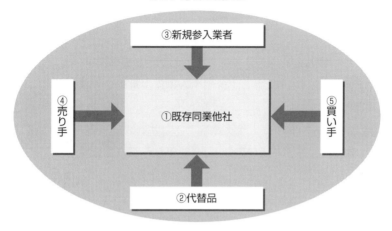

（出所）　マイケル・ポーター『競争優位の戦略』ダイヤモンド社

　一方、既存の取引先にも気を配る必要があります。つまり、自社にとって**「売り手」**である原材料の仕入先や、自社にとって**「買い手」**である顧客が競合になり得るということです。

　売り手との関係の例としては、例えばＰＣメーカーは収益が上がらず、儲かるのはＣＰＵやＯＳを提供するキーデバイスメーカーばかりです。要するに、キーデバイスメーカー（売り手＝仕入先）とＰＣメーカーは、利益の源泉を奪い合っているといえるのです。これは部品の希少性に起因します。提供する部品や原材料の希少性が高ければ、「需要と供給」の関係で供給側の力が強くなり、価格決定権は供給側が握ることになります。

　一方、買い手の関係では、例えばＰＣメーカーの買い手（顧客）となる家電量販店やＥＣサイトは、ＰＣの市場価格を下落させる傾向があるので、ＰＣメーカーは家電量販店やＥＣサイトなどとも、利益の源泉を奪い合っているととらえることができます。この視点によれば、家電量販店やＥＣサイトは、ＰＣメーカーにとっての競争要因ということになります。

　このように、５Ｆ分析は、自社の周辺業界に注意を払わせてくれる道具となり得るので、新規事業を検討する際の視野の拡大に役立つというわけです。

シナリオプランニング

　さて、ここまで紹介してきた外部環境分析のフレームワークは、あくまで「現在」を分析するための手法でした。しかし、新規事業を考えるときには、現状分析だけでなく、「未来」を予測する視点が重要です。

　「未来は神のみぞ知る」といわれるように、完全に未来を予測することは不可能なのですが、何とかして未来への指針を合理的に得ようという手法が考案されてきました。その代表例が、「シナリオプランニング」です。

　シナリオプランニングとは、将来起こり得る環境変化のシナリオを複数用意し、それらの各シナリオに対応する戦略案（プラン）をそれぞれ検討していく手法です。1970年代に、ロイヤル・ダッチ・シェル社がこの手法を活用し、オイルショックに見事に適応したことで有名になりました。

　同社では、「石油価格は安定を保つ」という楽観シナリオと、「ＯＰＥＣ（石油輸出国機構）の動向によって価格高騰が起こる」という悲観シナリオの2つのシナリオを用意しました。結果として、オイルショックが起こり、後者のシナリオが現実になったわけですが、事前に戦略的準備を行なっていた同社は、オイルメジャーの下位組から2位にまで躍進したのです。

　このシナリオプランニングという手法も、いろいろバリエーションがありますが、筆者のようなコンサルタントがよく実践する手順は、基本的には以下の3つのステップに集約されます。シンプルな方法ですので、みなさんにもお勧めします。

　第1ステップでは、「リスク要因の棚卸し」を行ないます。「将来、どのような環境変化のリスク要因があり得るのか？」を考えて、リスクになりそうな要因を棚卸しします。

　このとき、前述したマクロ環境についての「ＰＥＳＴ分析」と、業界環境についての「５Ｆ分析」を活用します。この2つの分析フレームワークを使えば、外部環境要因を網羅的に検討することができます。

　この第1ステップでは、今後、どのようなことが起こるのかを考えて、想定されるリスク要因をすべて洗い出すことが必要です。

●シナリオプランニングの手順●

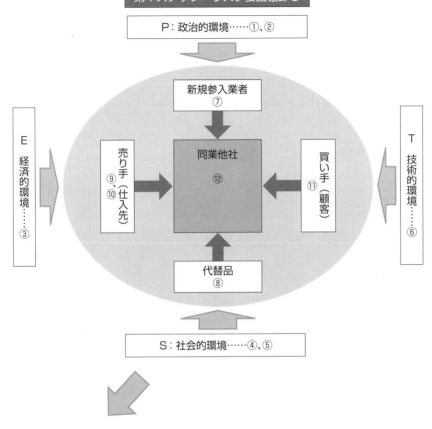

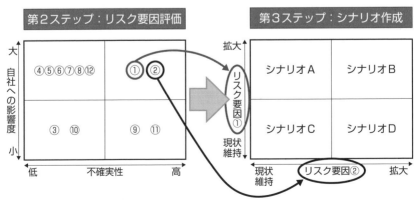

第２ステップでは、「リスク要因の評価」を行ないます。リスク要因を考えていけば、どんな会社でも10や20はすぐに挙がるでしょう。しかし、それらすべてについて詳細にシナリオを作成していくのは現実的ではありません。当然、それらのリスク要因ごとに、会社の経営に与える影響度が異なるはずです。したがって、経営に与える影響度が大きいリスク要因に絞って、シナリオを作成するべきです。

　具体的には、「**自社への影響度**」と「**不確実性**」との２つの軸でリスク要因を評価します。まず、自社への影響度が高い要因に絞るのはいうまでもありません。そのうえで、不確実性の高低で評価します。

　自社への影響度が大きくて、かつ不確実性が低いということは、ほぼ確実に発生する重要なリスク要因ですので、それに備える必要性がきわめて高いといえます。逆にいえば、当然に手を打つべきリスク要因であるため、あえてシナリオを想定するまでもないわけです。

　一方、自社への影響度が大きくて不確実性が高い場合は、発生するか否か、どちらに振れるか読めません。だからこそ、シナリオを複数想定する必要があるのです。

　そして、第３ステップでは、選定したリスク要因をそれぞれ軸に設定して「シナリオ作成」を行ないます。選定したリスク要因がどちらに振れるのか（例：拡大するか現状維持か、高まるか低くなるか、増えるか減るかなど）を軸上に設定してシナリオをつくります。

　リスク要因が２つであれば２×２で４通りのシナリオが、リスク要因が３つであれば２×２×２で８通りのシナリオをつくることになります。リスク要因を２つにまとめた場合、前ページの右下に図示したように、２×２で二次元の平面上にリスク要因とシナリオの関係を表現できるので、イメージがしやすくなります。ただ、どうしてもリスク要因が３つになってしまう場合は、図示が複雑になってしまいますが、リスク要因とシナリオの関係を表現することは可能です。

1-4 XYフーズのケース
——シナリオプランニング

　では、XYフーズに対してシナリオプランニングを実践してみましょう。次ページの図を参照しながら、以下を読み進めてください。

　まず、リスク要因を棚卸しするために、マクロ環境のPEST分析を行ないます。マクロ環境に影響を及ぼすリスク要因は多数ありますが、XYフーズが属する食品業界に影響を与えそうなものに絞ります。

　続いて、業界環境の5F分析を行ないます。こちらもすべてを網羅するというよりも、特にリスクとなり得るものだけを選定してみました（※本書では簡略化のために当初からリスク要因を絞り込んでいますが、本来は考え得るすべてのリスクを洗い出してから絞り込むべきである点にご留意ください）。

　その後、リスク要因の評価をします。この評価法については絶対的な正解があるわけではありませんので、プロジェクト内での討議等によって合意形成をすることが大切です。このケースでは、自社への影響度の大きさという点で「③少子高齢化」「⑧人手不足」「⑨原材料コスト高騰」「⑩小売チェーンのバイイングパワー」を、ほぼ確実に発生するであろうリスク要因としてとらえました。

　一方、「②景気動向」は経済環境が不透明なため、「⑥M＆Aによる合従連衡」は業界内の動きが不透明なため、不確実性が高いと評価しました。したがって、この2つのリスク要因を重要なリスク要因として選定することにします。

　この2つの要因について、それぞれ「②景気動向」が現状維持か悪化か、「⑥M＆Aによる合従連衡」が現状維持か拡大かを想定し、次のような4通り（2×2）のシナリオを作成します。

　シナリオAは、景気が現状維持で業界内の合従連携が進むと想定して、「付加価値競争シナリオ」としました。少子高齢化で市場のパイが縮小しながら

●ＸＹフーズにおけるシナリオプランニングの例●

[リスク要因の棚卸し]

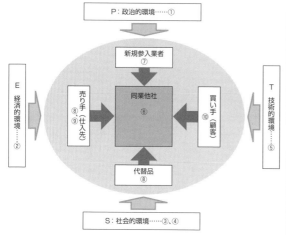

[リスク要因の評価からシナリオ作成へ]

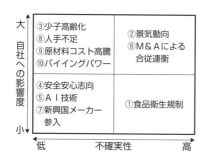

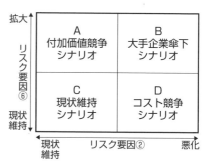

も、それなりの景況感で"規模の勝負"となった場合、「付加価値あるいはブランド力の勝負になるだろう」という見解を示したものです。

シナリオBは、景気が悪化して業界内の合従連携が進むと想定して、「大手企業傘下シナリオ」としました。中堅規模のＸＹフーズにとっては、難しいポジションになることが予見されるため、「大手企業の傘下に入ることを検討すべき」という見解を示しています。このシナリオBは、ＸＹフーズにとって最も厳しいシナリオといえます。

シナリオCは、景気が現状維持で業界内の合従連携も現状維持と想定して、その名のとおり「現状維持シナリオ」としました。

シナリオDは、景気が悪化して業界内の合従連携は現状維持と想定して、「コスト競争シナリオ」としました。「現状のプレイヤー間（競合同士）での価格勝負となるだろう」という見解を示しています。

　新規事業を開発するときには、このように既存事業のシナリオを想定しておけば、新規事業の方向性が絞りやすくなるため、新規事業の成功確率を高めることが可能です。

　もちろん、このような環境分析は、新規事業を考える前の事前準備として自社の既存事業に対して実施するだけでなく、新規事業のテーマ自体に対して実施することも効果的です。

　誰しも、自分がアイデアを出して立ち上げようとする事業テーマに対しては、思い入れが強くなりがちです。そのような強い思い入れも確かに必要なのですが、「独りよがりの主観的な思考」に陥ってしまうおそれがあります。

　したがって、冷静に新規事業のテーマを精査し、確度の高いビジネスモデルを構築したうえで、客観的にシナリオプランニングを行なう必要があります。そうすれば、新規事業の成功確率を高めることができるはずです。

第2章

要件を定義する

2-1 事業テーマを考えるための「要件定義」とは？

　当社の本当の「強み」が改めて見えてきましたし、業界環境の厳しさも認識しました。これは新規事業を考えていくときのベースとなりますね。

　ご理解いただけたようで、何よりです。
　会社全体を俯瞰しましたので、いよいよ、これから新規事業について考えていくことになります。山本さんは、どこから手をつけていけばよいと思いますか？

　えっ、私が西沢さんに質問しようと思っていたんですが……。
　そうですね…。まずは、どんな事業に参入するか、事業テーマを特定するべきではないでしょうか？

　では、その事業テーマを決めるためには、どうすればよいと思いますか？

　うーん、枠組みみたいなものが必要だと思いますが。

　すばらしい、そのとおりです。参入するべき「事業の条件をどうするか」を決める必要があります。それは、「**要件定義**」と呼ばれています。

　それって、私が勝手に決められるものではないですよね？

　おっしゃるとおりです。山本さんは、経営陣から指示を受けて新規事業を検討しているわけですから、経営陣に方針を確認するのが筋だと思います。

　わかりました。上司の経営企画室長に相談して、社長とのアポイントをとってみます。

要件定義とは、少し難しい表現ですが、簡単にいえば「新規事業に必要な条件」を決めるということです。

繰り返しになりますが、ヒトはそもそも、物事を発想するときに、まったく自由に考えるよりも、何らかの制約があったほうが考えやすくなります。新規事業を何の制約もなく自由に考えようとすると、無数の可能性があるためキリがありません。大枠として、「まずは、この条件で考えるべき」という制約を設定するほうが、アイデアを出しやすくなるのです。

要件定義は、新規事業を具体的に考えていく際の骨子となります。新規事業の担当者としては、依頼者である経営陣とすり合わせを行ない、この段階で新規事業の条件について合意しておくことが不可欠です。これを曖昧にしたまま先に進めてしまうと、その新規事業の開発は必ず失敗します。

なぜなら、事業計画書がまとまった後になってから、「こんな事業でいいのか？」とか「イメージと違う」などと、経営陣から"後出しジャンケン"のような批判を浴びてしまうからです。

要件定義を行なう流れは、次の4つの観点で考えるとよいでしょう。

(1) 事業目的の確認
(2) 数値目標の合意
(3) 事業範囲の合意
(4) 参入手法の合意

これらについて、次節以降で順に説明していきます。

2-2 事業目的の確認

　そもそも、なぜ新規事業を立ち上げる必要があるのでしょうか？

　「何を、いまさら」と思われるかもしれません。「いまのままでは成長に限界があるからだよ」と自明の理のようにいわれます。しかし、本当にそうなのでしょうか？

　新規事業の開発担当者としては、この問いに明確に答えられなければなりません。そのためにも、新規事業の開発担当者は、**経営陣に「新規事業を立ち上げる目的」について確認**しておかなければなりません。

　いろいろな企業の新規事業の開発に関与した筆者の経験から、新規事業を立ち上げる目的は右ページの表に示したように多様です。会社として余裕がある中で、「学習効果を狙う」という前向きなケースから、「既存事業からの構造転換を果たすために参入する」という切迫したケースまで、さまざまな目的があります。

　例えば、既存事業が待ったなしの厳しい状況になった場合には、その既存事業を代替するだけの「規模」が必要です。年商1兆円の会社が10億円の事業を立ち上げても、あまり意味がないわけです。切迫した状況にまで至った場合は、自力での新規事業の立ち上げがうまくいくケースは少ないのですが、例えば富士フイルムの事業構造転換は、その数少ない成功例といえるでしょう。

　また、リストラを行なうために、余剰資源を活用しなければならない場合もあります。リストラによる人員削減もめずらしくはない昨今ですが、そうした中でもグループ内で人員活用を図る目的で新規事業を立ち上げる企業も存在します。そのような場合には、人員活用が目的ですから、事業特性としては「労働集約型ビジネス」を前提にすることになります。

　一方、既存事業が絶好調でキャッシュも余剰しているために、将来に向け

●事業目的と事業要件●

事業目的	事業要件	課題
構造転換	既存事業を代替するだけの「規模」が必要	大規模な投資が必要
余剰人員活用	誰でもできる「低難度事業」が望ましい	労働集約型事業となる可能性が高いため、収益性は二の次とする割り切りが必要
遊休不動産活用	賃貸収入との「収益比較」が必要	自前で事業化することにこだわる必要はなく、外部事業者に任せるということでもよい
成長性確保	頭打ちとなった既存事業に代わる「成長性」が必要	安全性を優先すると周辺分野となり、大きな変化は望めない
リスク分散	既存事業が順調であっても、将来リスクのヘッジという点で参入するならば、「異分野」であることが必要	既存事業のみを継続するよりも効率性・収益性は落ちる可能性がある。単一事業に決め打ちせず、複数投資していく姿勢が必要
経営人材育成	ベンチャー的に任せられる「小規模事業＋分社化」が望ましい	会社全体への収益寄与という点では限定的となる可能性が高い。あくまで人材育成と考え、将来の本業経営に寄与すればよいという割り切りが必要
組織学習	組織内に「ゆらぎ」を生み出し、新たな事業運営ノウハウを身につけるためには「異業種または異文化」であることが望ましい	収益よりも経験を買うという発想が必要

（左軸：余裕なし ↑ ／ 余裕あり ↓）

方向性が曖昧になりがちなケース

て多方面に手を打っておこうという場合もあります。その場合には、将来の経営を担う人材の育成や会社全体の組織学習が新規事業を立ち上げる目的となるので、収益寄与よりも経験の蓄積を優先させることになります。このような経営状況のよい、従業員にとっては恵まれた企業も稀に見かけますが、逆にいえば、こういうトライアルができる企業だからこそ、現に優良企業になっているのです。

　さて、新規事業を立ち上げる背景として現実的に最も多いのは、既存事業に問題はないものの、「将来を見据えて二の矢、三の矢を放っておこう」と

いうケースです。しかし、このケースが一番難しいのです。いますぐ会社の屋台骨である既存事業がどうにかなるわけではないものの、「損してもいい」というほどまでは余裕がない、中途半端な状況だからです。

このような場合、新規事業立ち上げの趣旨からいえば、本来は「成長性」を狙って多少の低収益には目をつぶるべきなのですが、既存事業の収益性を考慮して、新しい領域に深く、大胆に踏み込めなかったりします。

また、「リスク分散」を図るために、二の矢、三の矢を放つというのであれば、本来は、既存事業とは異なる分野を新規事業として狙うべきです。しかし、このような場合でも、安全な分野、つまり既存事業の周辺分野にとどまってしまうことが起こり得ます。それは、経営陣自体が、会社全体の課題と整合するように新規事業の方向性を絞り切れないことなどが理由です。

すなわち、要件定義の事業目的の確認において重要なポイントは、会社全体の課題や経営目標によって、参入すべき新規事業の要件や方向性がある程度決まってくるということです。

新規事業の開発担当者は、まずは経営陣とともに会社全体の課題認識を共有し、新規事業を立ち上げる目的および方向性について経営陣から了解を得たうえで、事業を具体的に検討していく必要があるのです。

2-3 数値目標の合意

次に、「**新規事業の数値目標**」について経営陣と合意する必要があります。

もし、会社として明確な「**中期経営計画**」が策定されていて、新規事業の数値目標まで公表されていれば、それに従うだけです。

しかし、必ずしも数値目標が明確に示されているとは限りません。非上場企業では、仮に中期経営計画が策定されていたとしても、社内ではオープンになっていない場合もあります。そのような場合には、経営陣にヒアリングをする必要があります。

また、経営陣から新規事業の開発を指示されたといっても、じつは役員全員の総意として明確な数値目標が設定されていない場合や、役員間に数値目標に対する見解や意向の温度差がある場合もあります。さらには、新規事業を進めること自体には異論がないものの、「どの程度の規模の新規事業にするのか？」というところまで議論がされていないケースもあります。

しかし、そういう場合でも、新規事業の数値目標をうやむやにしたまま進めてはいけません。これを明確にしないまま進めてしまうと、経営陣の後ろ盾が期待できないため、事業計画が完成しても社内からの支持を得られない事態に陥りかねません。

したがって、事業計画の初期段階から経営陣の意向を把握しながら、「数値目標」を確認しておくことが大切なのです。経営トップと対面して意向を聞き出す機会は少ないかもしれませんが、新規事業開発担当者としての使命と考え、上席者を巻き込むなどして進めてください。

そうして、新規事業開発というミッションを着実に遂行するために、新規事業に求められる目標を「数値目標」として経営陣と合意します。

一方で、経営陣から新規事業の数値目標が具体的に明示されず、担当者側が考えなければいけない場合は、次のようにするとよいでしょう。

> 会社全体の中長期の経営目標（到達点）を把握する（①）
>
> ↓
>
> 既存事業だけで、どこまで経営目標に近づけるのかを把握する（②）
>
> ↓
>
> ①と②の差を「新規事業の数値目標」として考える

　まず、会社全体の中長期の経営目標を把握します。例えば、山本さんのXYフーズの場合は、右ページ上の図のように、現在は売上高100億円ですが、「３年後には10％増（110億円）にしたい」というのが経営サイドの目標だと仮定しましょう（①）。

　一方で、「既存事業の売上を上げたい」「最低でも横ばいを死守したい」という思いはあるものの、客観的に見て３年後には10％減の売上90億円になると予想したとします（②）。

　その場合、新規事業に求められる目標は、①－②（110億円－90億円）で20億円ということになります。

　一般的には、上記のように「**売上規模**」で想定するのがわかりやすいのですが、その場合、新規事業の発想範囲を狭めてしまうおそれがあります。なぜなら、売上規模というのは、同じビジネスモデルであれば比較できますが、ビジネスモデルが異なる場合には比較できないからです。

　例えば、右ページ下の図に示したように、仕入販売型ビジネスの売上高20億円と、手数料型ビジネスの売上高20億円では、収益構造が大きく異なり、売上高の意味がまったく異なります。

　つまり、売上規模で新規事業の数値目標を設定してしまうと、既存事業と同じようなビジネスモデルに落ち着いてしまうおそれがあるのです。

●新規事業の数値目標を設定する方法1:売上目標●

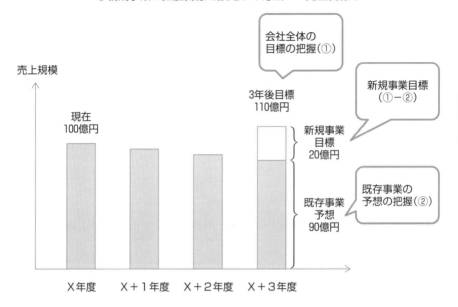

●ビジネスモデルの相違による売上規模イメージの相違●

仕入販売型ビジネス		手数料型ビジネス	
売上高	20億円	売上高	20億円
−)仕入原価	16億円	−)総費用	16億円
−)販管費	3億円		
営業利益	1億円	営業利益	4億円

(注) 手数料型ビジネスの場合、会計処理上、いろいろなケースがあるため、原価と販管費とを合わせて総費用と表記しています

したがって、右ページ上の図に示した方法2のように、「**営業利益**」で数値目標を設定することをお勧めします。

例えば、右ページ下の図に示したように、営業利益目標が1億円であれば、製造業ビジネスで売上高10億円の事業でも、卸売業ビジネス（仕入販売型ビジネス）で売上高20億円の事業でも、さらには手数料型ビジネスで売上高5億円の事業でも、どの事業を選択してもよいのです。

つまり、事業のアイデアを広い範囲で発想することができるようになるわけです。

もちろん、66ページで説明したように売上目標を設定している場合（方法1）でも、既存事業の利益率（営業利益率）を売上目標にかければ、経営陣がイメージしている営業利益目標を概算することは可能です。

例えば、新規事業の売上目標が20億円と設定されている場合を考えてみましょう。既存事業の利益率が5％ならば、営業利益目標は1億円（20億円×5％）となります。したがって、営業利益目標1億円を新規事業の数値目標として設定すれば、方法2と実質的に同じ結論となるわけです。

そのほか、キャッシュフローベースを考慮して、「ＥＢＩＴＤＡ（償却前営業利益：税引前利益に、特別損益、支払利息、減価償却費を加算した値）」で目標設定するなどの方法もあります。

どの指標を数値目標として設定するかは、会社の経営管理方針や事業特性によって決めればよいでしょう。

いずれにせよ重要なのは、新規事業の目標を数値で設定しておくこと、そして、その数値目標について経営陣と合意しておくことです。そうすれば、数値目標に連動して、必要になる投資規模が認識できるとともに、新規事業開発の方向性がブレないはずです。また、数値目標について経営陣と合意しておけば、新規事業開発担当者としての自分の身を守ることにもなります。

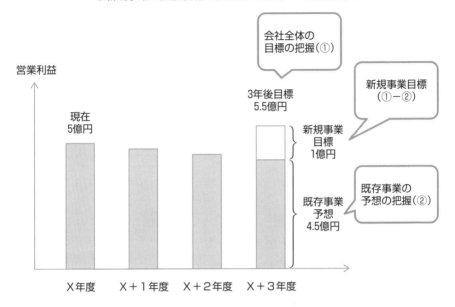

●「営業利益1億円ビジネス」の選択肢●

製造業

売上高　　10億円
－) 売上原価　7億円
－) 販管費　　2億円
―――――――――――
営業利益　　1億円

卸売業（仕入販売型）

売上高　　20億円
－) 仕入原価　16億円
－) 販管費　　3億円
―――――――――――
営業利益　　1億円

手数料型ビジネス

売上高　　5億円
－) 総費用　4億円
―――――――――――
営業利益　　1億円

2-4 事業範囲の合意

続いて、「参入すべき事業範囲」について、経営サイドとすり合わせしていきます。事業テーマを具体的に考える前に、どの範囲を対象とするかということです。

筆者の企業支援の経験上、ここでよく問題となるのは次の2点です。

① 既存事業と新規事業との区分をどうするか？
② 新規事業として、どこまで「飛び地」を許容するのか？

既存事業と新規事業のすみ分け

まず1点目として、「既存事業と新規事業とを、どのように区別するのか？」という問題です。新規事業開発担当者としては、自分が検討しやすいように何でも事業範囲として考えてしまいがちです。

しかし、既存事業を行なっている部門の中でも、当然に新規開拓について考えているわけで、そこでバッティングをしてしまうおそれがあるのです。

これを回避するために有効なフレームワークが、アメリカの経営学者であるイゴール・アンゾフ氏が考案した有名な**「アンゾフマトリックス」**です。このマトリックスを使って、新規事業の範囲について考えてみましょう。

右ページ上の図がアンゾフマトリックスです。A象限が「既存事業」で、D象限が「新規事業」になります。

意見が分かれるのは、B象限とC象限です。

例えば、山本さんのXYフーズが、既存の法人市場（BtoB）から個人市場（BtoC）に参入するとしましょう。これは「既存事業」でしょうか？「新規事業」でしょうか？

●アンゾフマトリックスと事業定義●

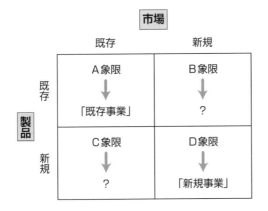

一方、従来の顧客である法人ユーザーに対して、新たに健康食品を販売するとします。これは「既存事業」でしょうか？「新規事業」でしょうか？

これらの問いに対して絶対的な答えはありません。会社ごとに、組織編成も異なるでしょうし、営業体制も異なるでしょう。どこまでを既存事業の部門が担当し、どこからを新規事業としてとらえるかは、その会社の考え方次第ということです。

したがって、上記マトリックスを応用しながら、経営サイドとの間で事業範囲を合意しておく必要があるのです。

ＸＹフーズの例の場合、次のようなやり方が考えられます。以下、次ページの図を参照しながら、読み進めてください。

まず、市場を大きく、卸売市場と直販市場に区分します。つまり、コンビニや量販店向けに食品卸チャネルで販売しているＸＹフーズの場合、卸売市場が「既存市場」といえます。

新規の食品卸に販売するとしても、それはあくまで既存市場であり、既存事業部門にとっては「新規開拓の範疇」となるわけです。一方、法人でも個人でも、自前で直接販売を行なう場合は、まったく販売方法が異なるので「新規事業」と定義します。

次に、製品については、食品以外であれば、どの市場で販売しても「新規事業」と定義します。

●既存事業と新規事業との範囲規定（例）●

		市場	
	卸売業者 (既存先)	卸売業者 (新規先)	直販 (法人・個人)
製品　食品	A象限 ↓ 「既存事業」	B1象限 ↓ 「既存事業」	B2象限
製品　食品以外	C象限	D1象限	D2象限

（注）　グレーの部分が新規事業

こうすれば、既存事業と新規事業との重複を避けることができるため、既存事業部門との衝突などの混乱が生じることはありません。

新規事業の許容範囲

次に問題となるのが、「新規事業として、どこまで飛び地を許容するのか？」ということです。

筆者自身の企業支援の経験からいっても、既存事業の如何にかかわらず必ずといってよいほど新規事業として提案されてくる事業テーマが、「飲食業」です。本業として飲食業に取り組んでいる企業あるいは個人事業主の方々にとっては競争環境の厳しさは常識になっていると思いますが、他業界の方々には参入しやすいように見えてしまうのでしょう。しかし、本書で設定したＸＹフーズのような食品メーカーであれば十分想定される新規事業でしょうが、例えば、重厚長大系メーカーにとって、飲食業参入がどの程度のシナジー（相乗効果）を期待できるでしょうか。

つまり、やみくもに事業範囲を広げようとするのではなく、どこまでの飛び地を許容するのかを、事業テーマを具体的に考える前に決めておく必要があるということです。

もちろん、事業の目的次第です。例えば、「雇用確保」が新規事業の目的

とされている場合には、労働集約型ビジネスとして飲食業への参入も否定できないアイデアだといえますし、そういった目的でなければ、特に飲食業への参入の必然性はないといえます。

したがって、新規事業の"飛び方"についても、経営サイドと合意しておくことが不可欠です。このとき、次のいずれかの考え方で、新規事業の許容範囲を設定することができます。

① 事業目的に合致さえすれば、あらゆる飛び地のテーマを許容する
② 既存事業と何らかの形でシナジーを生むテーマで考える
③ 経営サイドの関心領域の中で事業テーマを絞る

特に③のように、経営サイドが特定の領域（分野）に関心をもっている場合、その事業領域内で事業テーマを絞っていくことは合理的だといえるので、この段階で確認しておくとよいでしょう。

ときどき見かける事例として、経営サイドに関心領域があるにもかかわらず、「新規事業開発担当者にはフリーハンドで考えさせたい」という場合があります。このようなケースでは、「担当者がよいアイデアを出してくれたらそれに乗ろう」という思惑が経営サイドにあるのです。

しかし、担当者が取りまとめた事業計画書の事業テーマに賛同できないとなると、「じつは、こういうテーマで考えてほしい」などと提示され、事業計画のやり直しを迫られることが起こり得ます。こうなってしまうと、担当者は徒労感を覚えるだけで、新規事業立ち上げへのモチベーションは確実に低下するでしょう。

したがって、事業テーマを具体的に考える前の段階で、経営サイドの関心領域やテーマは確認しておくべきです。

2-5 参入方法の合意

　新規事業は、必ずしも自社単独で（自社だけで）立ち上げなければいけないものではありません。最近では、「時間をおカネで買う」という考え方で、M＆Aによる新規事業参入もポピュラーになっています。
　したがって、新規事業開発担当者は、次のような「参入方法」の選択肢のうち、どれが妥当なのかを確認する必要があります。

① 自社単独による立ち上げに限る
② 他社との提携を活用しながら自社主導で立ち上げる
③ 既存の異業種企業をM＆A（買収や合併）する

　①のみを選択するケースはあまり多くはないでしょう。現実的には、②の他社を巻き込みながらも自社主導で新規事業を立ち上げるか、③の既存企業を買収する（M＆A）という選択になるケースが多いでしょう。
　なお、M＆Aによって新規事業へ参入を狙う場合は、事業テーマを設定したら、あとは金融機関やM＆A専門会社にＦＡ（ファイナンシャルアドバイザー）のコンサルティングを依頼して、買収候補先を探してもらうという流れとなります。そのため、詳細な事業計画書を書く必要はありません。
　本書は、事業計画書作成を主旨としているため、②のように、他社との提携を活用しながら自社主導で立ち上げる方法を念頭に説明していくことにします。

2-6 ＸＹフーズのケース──要件定義

　ここまでを踏まえ、ＸＹフーズの山本さんは、次のように、新規事業の要件を定義することができました。

◉ＸＹフーズの新規事業の要件定義（例）◉

(1) **事業目的**
　・既存事業の市場パイ縮小に際し、第2の柱となる事業に参入して「成長性」を確保する
(2) **数値目標**
　・営業利益1億円程度
(3) **事業範囲**
　・経営陣からは下記の要望があった
　　－何らかの形で既存事業とのシナジーがあるもの
　　－安定成長で既存事業を補完し得るもの
(4) **参入方法**
　・他社との提携を活用しながら自社主導で立ち上げる

第3章

事業テーマを設定する

3-1 事業テーマをどのように設定すべきか？

新規事業の要件がまとまったようですね。

西沢さんを交えて経営陣と討議できたので、要件が明確になりました。まだ大枠レベルですが、それでもゼロベースで新規事業を検討するよりは、随分と楽になりました。
いよいよ、事業テーマを決めていくんですよね？

そうですね。まずはアイデア出しを進めてみましょうか。
アイデア出しは、何人かでディスカッションしながら進めたほうが、いろいろなアイデアが出てくると思います。また、その後のスクリーニング（選定）も含めて、事業テーマの設定は山本さん一人でやるよりも、プロジェクトを組んで何人かのメンバーで行なったほうが、社内の納得性が高まると思いますよ。

わかりました。上司の経営企画室長に相談して、何人かプロジェクトメンバーを選抜してもらうことにします。

　いよいよ、事業テーマの設定に移ります。要件定義までは経営サイドとのやりとりでしたが、今後は社内プロジェクトを組成して、プロジェクトメンバーと進めていくことが望ましいです。それは、作業分担のためだけでなく、その後の社内合意を得やすくするためでもあります。
　新規事業として今後社内で展開していく場合、経営企画室の一担当者が一人で決めた新規事業テーマと、選抜メンバーで決めたテーマとでは、どちらの納得性が高いかということです。
　やはり、組織横断プロジェクトで討議して決めた事業テーマのほうが合意を得やすいというのは、明らかです。

3-2 アイデア出しをどのように行なうか？

　アイデア発想法については多数の良書がありますので、ここではアイデア出しの基本方針の説明にとどめ、発想法そのものについては他書に譲ります。
　本書で強調したいのは、「**アイデア出しは体系的に行なうべきだ**」ということです。
　ここ数年、ビジネス用語としてよく使われるようになった「イノベーション」も、その概念提唱者のシュンペーター自身がいうように、既存のモノ同士の新たな組み合わせのことであり、決してこの世にないモノをゼロから創造することではないのです。
　本書では、ふつうのビジネスパーソンの方が新規事業開発担当者に選任されたときに、どのように事業計画をつくるかという観点で解説していますので、超人的な（きわめて斬新で画期的な）発想をめざすというのではなく、枠組みを設定して、その中で地道に探索していくことにします。
　さて、事業テーマのアイデア出しについても、枠組みはいろいろあるのですが、本書では次の2つの切り口を紹介します。

① 外部環境の視点：成長分野から考える
② 内部環境の視点：自社との関係性から考える

　①の外部環境の視点に基づく「成長分野から考える」という切り口は、各種メディアでよく見かけるものなので、いまさら説明するまでもないかもしれません。現状では「ヘルスケア」「環境」「エネルギー」「ＡＩ・ロボット」など、いわゆる注目を浴びている分野です。
　もちろん、今後も成長していく有望分野とはいえるでしょう。しかし、前述したように、ここで取り上げたような分野を事業テーマとして安易に列挙

したところで、自社の新しい事業テーマとなり得るかは、まったく未知数としかいいようがありません。

例えば、山本さんのＸＹフーズにおいて、３年後の新規事業のテーマとして「自動運転」や「フィンテック」を挙げても、あまりに現在の事業内容からかけ離れすぎて現実性に乏しいでしょう。

そこで重要となるのが、②の内部環境の視点です。やはり何らかの形での自社との関係性が、自社の主導で新規事業を立ち上げるためには必要になります。自社との関係性を、ここでは次の６項目で考えてみましょう。

Ａ１：川上進出（自社にとっての供給業者の事業領域への進出）
Ａ２：川下進出（自社にとっての販売先・顧客の事業領域への進出）
Ｂ１：技術シナジー（技術ノウハウ・特許などの活用）
Ｂ２：生産シナジー（製造工程・設備、調達、物流システムなどの活用）
Ｂ３：販売シナジー（販売ルート、営業体制、顧客基盤などの活用）
Ｂ４：組織シナジー（会社全体の組織、人材、管理システムなどの活用）

つまり、成長分野だけを見据えるだけでなく、それに自社との関係性の視点をかけ合わせていけば、それなりに現実性のある事業テーマが検討できるようになります。

①（外部環境の視点）×②（内部環境の視点）のマトリックスを作成し、新規事業開発のプロジェクトメンバーと討議しながら、アイデア出しを行なってみてください。

例えば、ＸＹフーズの場合は、右ページの表のとおりです。

●ＸＹフーズの事業テーマのアイデア出し●

自社との関係性

	A1 川上進出	A2 川下進出	B1 技術シナジー	B2 生産シナジー	B3 販売シナジー	B4 組織シナジー
ヘルスケア			・健康食品 ・サプリ ・アンチエイジング	・高齢者向け宅配食		・介護サービス
農業 食品	・植物工場運営 ・農業生産法人 ・原材料流通	・飲食チェーン ・食品小売			・有機野菜販売 ・オフィススナック販売	
グローバル	・海外での農業経営	・インバウンド向け食品小売	・外国人向け日本食開発			
環境 エネルギー				・水処理	・電力小売 ・ウォーターサーバー	・省エネコンサル
AI ロボット	・植物工場向けシステム構築	・食品小売向けシステム構築	・食品管理システム	・生産ロボット ・物流ロボット		

(左側ラベル: 成長分野)

第3章 事業テーマを設定する

3-3 スクリーニングをどのように行なうか？

　事業テーマのアイデアを出し切ったら、続いてスクリーニング（選定）を行ないます。スクリーニングの方法としては、次の3つが考えられます。

① 新規事業開発担当者のほうで単一テーマに絞る
② 3～5つ程度の事業テーマを選定して、経営陣の判断を仰ぐ
③ この段階ではスクリーニングをせず、すべてのテーマについて詳細なビジネスプラン・事業計画を作成してからスクリーニングを実施する

　新規事業開発プロジェクトのメンバーが豊富にいれば、③の方法が可能ですが、通常は②の方法が現実的でしょう。
　となると、この段階で一定数の候補にテーマを絞り込む必要が出てきます。選定基準および評価基準については、これまでもさまざまな論者によって提唱されてきました。
　例えば、ブルース・メリフィールド氏（Bruce Merrifield）と大江健氏（Ohe）によって提唱された「BMO法」が有名です[※1]。BMO法とは、事業テーマに対して「**事業の魅力度（魅力度）**：60点満点＝6項目×10点満点」と、「**事業の自社への適合度（適社度）**：60点満点＝6項目×10点満点」を定量的に評価するものです。
　「魅力度が35点以上」で、「魅力度＋適社度が80点以上」であれば、事業の成功率が高いとされています。リーズナブルな選定基準といえるでしょう。
　こうした基準がそのまま適用できるということでしたら、それでよいですし、適用できなければ、自社オリジナルの選定基準および評価基準を作成することになります。

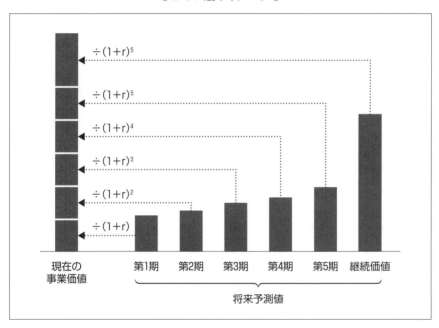

●BMO法の評価項目●

魅力度（6項目×10点満点）	適社度（6項目×10点満点）
・売上利益の可能性 ・市場の成長性 ・競争状況 ・リスクの分散 ・業界再構築の可能性 ・特別な社会的状況	・資金力 ・現有マーケティング力 ・現有製造力 ・現有技術力 ・原材料の調達力 ・マネジメントのサポート

（出所）株式会社総合コンサルティング オアシスWebページ

●DCF法のイメージ●

 ただ、いずれにせよ、この時点におけるスクリーニングは、厳密性に限界があります。この段階で、すべての事業テーマについて緻密な調査分析を行なうというのは、現実的ではないからです。
 ましてや、この段階で、将来キャッシュフローを予測して「DCF法（Discounted Cash Flow：割引現在価値法）」で事業の現在価値を比較するなどという教科書的な手法は、ナンセンスです。すべての事業テーマのキャ

ッシュフロー予測をしたところで、そもそも新規事業という不確実性が高いものである以上、その評価は眉唾物となってしまうからです。

　つまり、新規事業を検討する場合、一定の客観性を前提とはするものの、そのうえで主観が重要となります。その事業テーマに対する「熱意」があるかどうか、要するに、やってみたいかどうかです。

　事業の立ち上げは、理屈どおりに進まないことがままあります。そのときに、その事業テーマにのめり込んで夢中になって取り組めれば、苦しい状況でも"馬鹿力"を発揮できますし、結果的に成功確率も高まります。

3-4 XYフーズのケース
──事業テーマのスクリーニング

　さて、XYフーズでは、山本さんが西沢さんおよび上司の経営企画室長と協議しながら、下の表のように選定基準を作成しました。

　この選定基準は、大別すると、「**組織適合性**」と「**市場適合性**」の2つに分類されます。それぞれ3項目ずつで4点満点としました。厳密な定量化が難しい中であまり細かいのは意味がないと考え、4点満点としました。

- 4点：非常に適合する
- 3点：まあ適合する
- 2点：どちらともいえない
- 1点：適合しない

　組織適合性は、自社が参入するのにふさわしいか否かという観点であり、項目は「事業目的」「数値目標」「優位性活用」の3つです。

　「事業目的」は、要件定義のところで設定した目的に、どの程度合致するか否かで評価します。同社の事業目的は、「既存事業の市場パイ縮小に際し、

● XYフーズの事業選定基準 ●

観点	項目	概要	評点
組織適合性	事業目的	参入目的に合致する事業か？	
	数値目標	数値目標に届く規模となり得るか？	
	優位性活用	自社の強みがどの程度使えるか？	
市場適合性	社会性	社会的に意義ある分野か？	
	ニッチ性	競争環境は厳しくないか？	
	安定性	需要変動が大きくないか？	

第2の柱となる事業に参入する」というものなので、それにどの程度合致するかを評価します。

「数値目標」は、数値目標を達成する規模となり得るかどうかを評価します。同社は「営業利益1億円程度」をめざしていますので、その程度の事業規模となるかどうかを評価します。

「優位性活用」は、自社の強みがどの程度使えるかを評価します。単にシナジーがあるか否かではなく、他社に勝てる強みを使えるか否かで判断します。

市場適合性は、「社会性」「ニッチ性」「安定性」の3項目です。ＸＹフーズの社風を勘案して、他社ではあまり見かけない評価項目にしました。

「社会性」は、市場分野として社会的意義がどの程度あるかを評価します。同社の創業社長のポリシーを勘案して項目としてみました。

「ニッチ性」は、市場として希少性があり、競争環境が厳しいものとならないかどうかという点を評価します。

「安定性」は、需要変動に大きな波がなく安定しているかどうかという程度を評価します。

事業テーマごとに、右ページ上の図のような簡易評価シートを作成し、それぞれ評点をつけました。6項目×4点満点で、最高24点となります。

この例では、グループメンバー間の討議により評点し、右ページ下の表のように一覧表にまとめました。その結果、最高点は4テーマとなりましたが、近い点数のものも多数あるため、この一覧表だけでなく各テーマの簡易評価シートもすべて経営陣への答申時に提出することにしました。

ここで、経営陣への答申時に、経営陣からしばしば出てくる意見が、評点に対する違和感です。「点数は若干低いが、このテーマのほうが有望ではないか？」とか「やはり、この分野がよいのでは？」などの意見です。

そもそも定量化しにくいものを数値化して比較検討しているので、このような意見が出てくるのも当然です。

もちろん、新規事業開発担当者とプロジェクトのメンバーが真剣に議論してきた評価結果を、深く考えることなく安易にひっくり返すのはよくありません。また、無視するなどは論外です。

●事業テーマの簡易評価シート（例）●

高齢者向け宅配食

事業目的
　市場規模は大きく、当社の第2の柱となる事業となる可能性は大きい

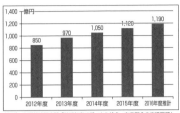
（出所）矢野経済研究所「2017年度メディカル給食、在宅配食の市場展望」

数値目標
　当社が本腰を入れて参入すれば、目標規模に達する可能性は大きい

優位性活用
　当社の食品製造設備・ノウハウ、および食品安全衛生ノウハウを活用可能である

社会性
　ますます進む高齢化社会において、社会的意義のある分野と考えられる

ニッチ性
　厚生労働省調査（「配食事業の動向等について」2016.7）からも下記のようなあらゆる業種からの参入が確認されているという点で、ニッチ性はないといわざるを得ない

　　・給食事業者
　　・コンビニ
　　・食品メーカー
　　・生活協同組合
　　・社会福祉協議会（社協）
　　・ＪＡ
　　・飲食店
　　・医療機関・介護施設
　　・自治体等

安定性
　月極契約のため、契約数が増えれば安定売上が可能となる

●ＸＹフーズの事業選定基準に基づく評価結果（例）●

事業テーマ	組織適合性			市場適合性			合計点
	事業目的	数値目標	優位性活用	社会性	ニッチ性	安定性	
植物工場運営	4	3	2	4	2	2	17
農業生産法人	4	2	2	4	2	2	16
原材料流通	4	3	3	2	2	3	17
海外での農業経営	4	3	1	3	2	2	15
植物工場向けシステム構築	3	2	1	3	3	2	14
飲食チェーン	4	4	2	2	1	3	16
食品小売	3	4	3	2	1	3	16
インバウンド向け食品小売	3	2	3	3	3	3	17
食品小売向けシステム構築	3	2	2	2	3	2	14
健康食品	4	3	3	4	1	3	18
サプリ	4	3	2	4	2	2	17
アンチエイジング	4	3	2	3	2	2	16
外国人向け日本食開発	3	3	3	3	3	2	17
食品管理システム	3	3	2	2	2	3	15
高齢者向け宅配食	4	3	3	4	1	3	18
水処理	4	3	2	4	2	3	18
生産ロボット	4	3	2	3	2	2	16
物流ロボット	4	3	2	3	2	2	16
有機野菜販売	4	3	2	3	2	2	16
オフィススナック販売	3	3	3	3	3	3	18
電力小売	4	3	2	3	2	2	16
ウォーターサーバー	3	2	3	3	3	2	16
介護サービス	4	2	2	4	2	3	17
省エネコンサル	3	2	2	3	3	2	15

しかし、経営トップが自分のポリシーとして見解を述べるのであれば、それは「経営者の意思」ですので、尊重されるべきです。ここまで、新規事業開発担当者とプロジェクトのメンバーによりまとめられた評価結果を勘案したうえで、「やはり、こちらの事業テーマのほうがよい」という見解が出てきたのであれば、それは検討に値します。
　なお、実務的には「経営者加点」といった項目を設けて、経営トップがよいと考えるテーマに加点したうえで評価するという方法もあります。

第4章

ビジネスモデルを思考する①
──戦略を策定する

4-1 思考して言語化したビジネスモデルが事業計画書の骨子になる！

　ＸＹフーズでは、あれから山本さんが経営陣に対して事業テーマのプレゼンを実施しました。同一得点の事業テーマが４つあり、経営陣の中で討議が行なわれましたが、いずれも甲乙つけがたく、事業テーマの選定は難航しました。

　しかし、経営トップである創業社長の判断により、現段階では正式決定として絞り込むわけではないものの、まずは山本さんが推していた「オフィススナック販売サービス」について、経営者加点が加わり、具体的な事業計画書の作成が指示されました。

「オフィススナック販売サービス」が、事業計画書を作成するところまで進みましたね。私が推していたテーマだったので、うれしいです。

おめでとうございます。最高得点となった、いずれのテーマも先行者がいる状況での後発参入となるので、選定は難航したのでしょう。最後は、山本さんの熱意が御社の社長の心に響いたのだと思います。

ありがとうございます。さて、いよいよ具体的な事業テーマについて、事業計画書を作成しなければいけません。今後は、どのように進めればよいのでしょうか？

今後は、**「新しいビジネスモデル」** を構築していくことになります。
　王道ではありますが、まずは「誰に対するビジネスか？」というところから、深掘りしていくことになります。

さて、前章までで、事業テーマを選定してきました。しかし、テーマを選定しただけでは、事業計画書を書くことはできません。その事業テーマを、どのような仕掛けで、具体的にビジネスとして取りまとめていくのかが問われます。つまり、「**新しいビジネスモデル**」を構築する必要があります。

　本章と次章では、「どのように新しいビジネスモデルを思考して、言語化（具現化）していくのか？」について説明し、特に本章では、戦略策定の方法について、次の5つの観点から解説していきます。

(1)　対象顧客の設定
(2)　提供価値の設定
(3)　販売チャネルの設定
(4)　プロモーションの設定
(5)　課金モデルの設定

第4章　ビジネスモデルを思考する①——戦略を策定する

4-2 対象顧客の設定

顧客市場を再定義する

「ターゲティングが大切だ」というような指摘や「顧客志向」という言葉は、みなさんも耳にタコができるほど、聞かされてきたことでしょう。「何をいまさら」と思われるかもしれません。

とはいえ、ビジネスモデルを構築するときに、まず大切なのは、**対象顧客（想定顧客、ターゲット）**、つまり「誰に対するビジネスなのか」を明確にすることです。

新規事業の検討に際しても、改めて対象顧客を再定義することによって、ビジネスモデルの構築をめざしていきます。

一般的には、右ページの表のように「マーケットセグメンテーション（市場細分化）」をして、対象顧客を絞り込んでいくことになります。

しかし、このような一般的なマーケティング手法はやり尽くされた感がありますし、あらゆるマーケットに商品やサービスが氾濫している昨今、目先の対象顧客の変更だけでは限界があります。

このような手法では、なかなか成功することができなくなっているので、新規事業によるビジネスモデル改革が求められているわけです。

そのため、「新規事業」として対象顧客を再定義する以上、ゼロベースで再検討する必要があります。そこで、顧客市場を再定義するためのヒント（方向性）を4つ紹介します。

① 法人から個人へ
② 個人から法人へ
③ 同業者を狙う
④ ホワイトスペースを狙う

●マーケットセグメンテーションの切り口●

切り口		分類方法の例	商品例
消費者特性	地理		
	地方	関東、関西など	各種食品
	気候	寒暖、季節など	「秋味」（キリンビール）
	人口密度	都市部、郊外、地方など	ロードサイド型居酒屋
	人口動態		
	年齢	ベビー、中高生、高齢者など	「カーブス」（中高年女性向けフィットネス）
	性別	男、女	男性用化粧品
	家族構成	独身者、DINKS、二世帯	フリープランマンション
	所得	500万円以下、2000万円以上など	ゴールドカード
	職業	ホワイトカラー、自営業など	職種特化型人材会社
	健康状況	高血圧、肩こりなど	アルコール頭痛用頭痛薬「アルピタン」（小林製薬）
消費者反応	心理		
	ライフスタイル	アウトドア志向など	グランピング
	パーソナリティ	保守性、新奇性など	定番商品
	行動		
	求める価値	価格志向、経験価値志向など	相席居酒屋
	使用率	ライトユーザー、ヘビーユーザーなど	街乗り向けSUV車

（出所）グロービス経営大学院『MBAマーケティング（改訂3版）』（ダイヤモンド社）などをもとに筆者作成

法人から個人へ

　法人ユーザーを顧客としていた会社が、顧客を個人ユーザーに再設定するということです。メーカーが従来の納入先を飛び越えて、エンドユーザー（最終消費者）への直接販売を試みるケースなどが該当します。

　その一例としては、OEM（Original Equipment Manufacturer：相手先ブランド製造）の受託製造を行なうメーカーが、自社ブランド商品を開発して、直接エンドユーザー向けのビジネスを立ち上げるという事業転換が挙げられます。化粧品製造の受託製造を行なってきたA社の例を紹介しましょう。

　A社の納入先は、化粧品ブランドの企画開発を行なう企業群です。しかし、A社では、OEM供給を続けている限り、下請体質から脱却することができないと一念発起し、自社ブランドの開発に取り組み、ECサイトでの販売を開始しています。

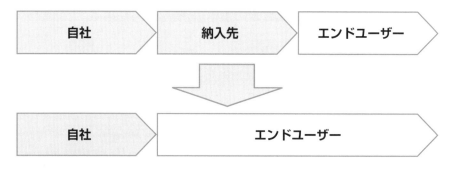

●OEM受託メーカーのビジネスモデル改革例●

個人から法人へ

逆に、ユーザー向けの事業を展開していた会社が、法人ユーザー向けのビジネスモデルを構築するという手もあります。

例えば、教育サービスを展開するB社は、従来の個人向けのサービスだけでなく、企業の人材開発部門向けのサービスに着手してビジネスモデルを再構築し、収益の安定化を実現しました。

「個人から法人へ」という顧客の再定義は、必ずしも、このような販路変更だけとは限りません。**プラットフォームビジネス**の多くは、そのビジネスモデルの設計によって成り立っています。プラットフォームは、「**ツーサイドプラットフォーム（Two sided platform：二面市場）**」とも呼ばれるように、「売り手－買い手」「供給者－需要者」の両面で成り立っていますが、その多くは、情報受益者の個人サイドには無償サービスを提供し、情報提供者の法人サイドから課金するというスタイルとなっています。つまり、プラットフォームビジネスの真の顧客は法人サイドといえるのです。

● トランスファーカーのケース

例えば、ニュージーランドのレンタカー事業者のトランスファーカー（Transfercar）は、レンタカービジネスにプラットフォーム（個人から法人へ）の発想を取り入れました(※1)。

それは、「レンタカー車両を低コストで別の拠点（店舗）に輸送したい」

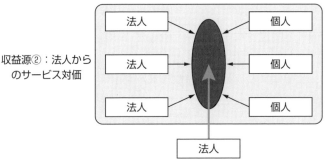

●プラットフォームビジネスの構造●

という法人（レンタカー会社）のニーズと、「レンタカーを目的地で乗り捨てたい」という個人（利用者）のニーズとをマッチングさせたプラットフォームビジネスです。

　レンタカー会社が乗り捨てサービスを提供すると、車両は当初の拠点には戻らないため、何らかの形で車両を移動させて在庫の不均衡を解消しなければなりません。

　例えば、A拠点への乗り捨てが増えて車両の在庫が過剰となり、B拠点の在庫が不足してしまう場合、何らかの形でA拠点からB拠点へ車両を移動させる必要があります。従来であれば、この車両移動はレンタカー会社の輸送コストで賄うしかありませんでした。

　そこで、トランスファーカーは、レンタカー会社に車両を移動させたい拠点（目的地）を登録してもらい、それとその拠点に乗り捨てたい利用者のニーズとマッチングさせるというサービスを始めたのです。

　個人ユーザーに車両移動を請け負わせているというわけです。個人ユーザーの車両利用は基本的に無料（少額支払の場合もあり）で、レンタカー会社に課金するビジネスモデルとなっています。

　つまり、従来はレンタカーを利用する個人を顧客としていたのに対して、レンタカーを移動する法人を顧客と再定義したというわけです。

同業者を狙う

　同業者に目を向けると、また新たなビジネスの広がりを考えることができます。つまり、従来ライバル関係にあった企業を顧客に再定義しようという発想です。

　以前からある例としては、製造業での外販モデルが挙げられます。外販モデルとは、最終製品を製造しているメーカーが、あえてキーデバイスを同業者に外販するというモデルです。

　1980年代、シチズンやセイコーといった日本の時計メーカーは、キーデバイスである水晶振動子というムーブメント（駆動装置）を外販し、主要な収益事業としました。

　また、ソニーは、創業事業のラジオの時代からキーデバイスであるトランジスタの外販を行なっていますし、近年では、スマホのカメラ機能に欠かせないＣＭＯＳ（相補型金属酸化膜半導体）イメージセンサーを外販しており、同分野で世界トップの地位を確立しました。

　最近では、ネット事業者でも同様のビジネスモデルが散見されるようになりました。

　例えば、アマゾンは、ＡＷＳ（Amazon Web Services）として、信頼性あるクラウドコンピューティングサービス（仮想サーバー、コンテンツ配信、オンラインストレージ、データベースなど）を低料金で外販し、その結果、ネットベンチャーが低コストで新規事業を立ち上げられるようにしています。

　いまでは、アマゾンの収益源の柱となっています（2017年12月期では、全社営業利益4,106百万ドルに対してＡＷＳ事業営業利益4,331百万ドル。全社営業利益がＡＷＳ事業営業利益より少ないのは、海外事業が赤字となったためです[※2]）。

　また、アパレル通販サイト「ＺＯＺＯＴＯＷＮ」を運営するスタートトゥデイ（2018年10月に「ＺＯＺＯ」へ社名変更）は、他のアパレルメーカーのＥＣサイトのシステム開発、デザイン制作、物流請負、マーケティング支援などを、各種フルフィルメント関連業務を支援する「ＢｔｏＢ事業」として事業化しています。2017年3月現在、27社のＥＣサイトの支援を行なってい

るとのことです^(※3)。

　この同業者を顧客とするビジネスモデルは、自社の強みであるリソース（経営資源）を最大限活用することができるだけでなく、同業者と競合しないでWin-Winの関係構築を図ることができるという点で優れているといえます。

　ただし、このような「敵に塩を送る」行為が、結果的にブーメランのように自社に帰ってくる可能性も否定できません。例えば、日本の時計メーカーによるムーブメントの外販が新興国での時計製造を促進し、その結果として時計業界の価格競争が激化しました。

　したがって、同業者を顧客とするビジネスモデルを導入する際には、短期的利益と中長期的利益との兼ね合いを慎重に検討する必要があるといえるでしょう。

ホワイトスペースを狙う

　自社の既存事業と無縁の"飛び地"の新規事業を立ち上げる場合は、まったくのゼロからのスタートとなるので、会社側もそれなりの心構えで体制を構築してから事業立ち上げに臨むことになります。

　一方、自社商材の周辺で「**ホワイトスペース（空白市場）を狙う**」ときには、いままで顧客としてとらえていなかったユーザー層を顧客と考えることになります。この場合、既存の思考や現状のしがらみにとらわれやすくなるので、かえって難しいものです。

● JINSのケース

　例えば、メガネのホワイトスペースについて考えてみましょう。いうまでもなくメガネとは、元来は視力の悪い人のための視力矯正用具です。日本人の二人に一人がメガネを必要としているといわれていますが、いまではコンタクトレンズも普及していますので、必ずしも今後もユーザーが増えるわけではありません。

　したがって、そのような環境下で拡販を検討するとなると、ふつうは、従来の顧客である視力の悪い人に2本目、3本目を買ってもらうという狙い方

をすることが多いでしょう。

では、どんなホワイトスペースがあるでしょうか？

ＪＩＮＳ（ジンズ）は、「視力の良い人」を新たなターゲット（対象顧客）としました。いままでであればメガネと無縁の人々に対して、「機能性アイウェア」という位置づけで商品展開を行ないました(※4)。

まず2011年7月に、スポーツ用サングラスである「JINS Sports」を投入します。新しいフレームデザインや99.99％の紫外線カットを謳い文句に、2013年度のグッドデザイン賞も受賞します。

同じく2011年9月には、ＰＣ作業時の目の保護を目的とした「JINS PC」（現在は「JINS SCREEN」）を発売します。日常ではメガネは不要なものの、ＰＣは使うという顧客層を発掘します。この商品は大ヒットし、国内累計販売本数は800万本を突破しました（2017年8月末時点）。

2012年1月には、花粉対策用メガネ「JINS花粉Cut」を発売します。日本人のうち2,000万人もいるといわれる花粉症患者をターゲットとしたわけです。花粉対策用メガネについては他社もすでに参入していましたが、ＪＩＮＳの参入により市場での認知が進みました。

さらに2015年11月には、「JINS MEME（ミーム）」を発売します。この商品は、フレームに搭載された独自開発の3点式眼電位センサーと6軸（加速度・ジャイロ）センサーにより、スマホアプリと連動して心身状態（集中度、眠気、歩行バランスなど）を見える化するセンシングアイウェアです。

このようなＪＩＮＳの取り組みは、ＩｏＴ分野における新たな市場開発といえるでしょう。

● 伊那食品工業のケース

寒天メーカーの伊那食品工業は、「年輪経営」（木の年輪のように、自然体で少しずつ成長を続けていき、急成長をめざさない）という経営コンセプトで有名な会社です(※5)。

同社の場合は、その経営理念に基づく経営スタイルが脚光を浴びていますが、その成功は理念だけでなく、背景にある市場拡大の実現によってもたらされていると考えられます。

いまでこそ、寒天の国内シェア80％、世界シェアでも15％を誇る寒天業界のガリバー企業に成長しているわけですが、一時は銀行管理下に置かれたほど深刻な状況に陥り、成功するまでの道のりは平坦なものではありませんでした。

　そもそも、寒天という食材は、洋菓子の普及などにともない、戦後衰退の一途をたどっていました。

　そこで、伊那食品工業では研究開発に力を入れ、続々と新素材を開発していきます。1980年には「イナゲル」（寒天と他の天然物をブレンドさせてつくる寒天製剤）、また1992年には「ウルトラ寒天」（ペースト状態の寒天）という新しい寒天素材を開発し、こうした研究開発の結果、従来の食品メーカーだけでなく、外食、介護、バイオ（細菌培地、組織培養など）、医薬、化粧品など、多様な分野に顧客層を拡充することに成功しています。

　一方、1980年には「かんてんぱぱ」というブランドを立ち上げ、1981年には手づくりデザート用の「カップゼリー80℃」を発売し、家庭用市場にも本格的に進出します。

　つまり、寒天という商品の開発だけでなく、用途の開発を行なって顧客層を拡大していったのです。

●伊那食品工業の顧客層の広がり●

用途 \ 販売先	法人向け（BtoB）	個人向け（BtoC）
食品	「伊那寒天」「イナゲル」（食品分野）	「かんてんぱぱ」（家庭用）
食品以外	「ウルトラ寒天」（化粧品分野 など） 「アガロファイン」（バイオ分野 など）	

（出所）　伊那食品工業ＨＰなどの各種公開資料をもとに筆者作成

「ペルソナ」を設定する

対象顧客を具体的に検討するためには、「ペルソナ」を設定するのが効果的です。

ペルソナとは、提供したい商品やサービスの対象顧客として最も象徴的だと想定される仮想ユーザー像のことであり、その仮想ユーザー像に適したシナリオからマーケティング展開を検討する手法を「ペルソナ手法」といいます。この手法を活用する場合、ペルソナとシナリオをできる限り具体化するのがポイントです。

例えば、三菱商事初の社内ベンチャーとして生まれたスープ専門店「Soup Stock Tokyo」では、事業立ち上げ時にペルソナ手法を導入しています[※6]。

創業者の遠山正道氏は、「秋野つゆ」という架空の女性像を設定し、彼女がつくるスープという想定をしました。「秋野つゆ」は37歳独身、都心で働くキャリアウーマンです。それだけでなく、装飾性より機能性を好み、フォアグラよりレバ焼きが好き、プールでは平泳ぎではなくクロールで泳ぐなど、価値観や嗜好性までペルソナをつくり込んでいったそうです。

そして、彼女を対象顧客としたうえで、彼女が満足するようなメニューはもちろん、店舗づくりも含めて商品開発をしていったのです。その結果、いまでは首都圏を中心に約60店舗を展開するに至っています。

この手法は、いかにもＢｔｏＣ事業（個人向け事業）のマーケティングを対象としているように思われますが、必ずしもそうではありません。ＢｔｏＢ事業（法人向け事業）でも活用可能です。

例えば、業務用エアコンを扱う日立アプライアンスでは、エアコンを直接納品している顧客（特約店）の先にいる設備店の経営者をペルソナとして設定しました[※7]。

同社では、右ページ上の図に示したように、まず卸売機能をもつ特約店に卸し、そこから中小の設備店に販売し、設備店がオフィスや店舗などの法人エンドユーザーに設置・販売するというバリューチェーンになっています。

●日立アプライアンスのバリューチェーン●

自社 → 特約店（卸） → 設備店 → エンドユーザー

　つまり、日立アプライアンスは、エアコンを直接販売する特約店ではなく、その先にいる設備店に着目したのです。なぜなら、直接接点のない設備店のニーズを把握できていないことが課題となっていたからです。

　同社は、まず設備店約1,800社を対象とした定量的なアンケート調査を実施したうえで、10人以下の設備店を訪問し、詳細なインタビュー調査を実施します。そこから、「旭立信彦（あさひだちのぶひこ）」という設備店の仮想経営者像をペルソナとして設定しました。そして、「彼は、どのような課題を抱えているか？」「彼なら、どのような情報を知りたいか？」という観点からマーケティング活動を再検討し、その結果シェアアップに成功しています。

　同社の場合は、新規事業の立ち上げではなく既存事業のテコ入れのために、ペルソナ手法を活用しましたが、本質的には新規事業の立ち上げにも同じ手法が使えるはずです。

対象顧客を設定するときの手順

　さて、ここまでで説明した対象顧客の設定についてまとめると、次の2ステップとなるでしょう。

　まず第1段階として、顧客市場を再定義します。法人顧客が当たり前だと思われていた市場で個人に販売できないか、その逆はどうか、または同業者を顧客にできないか、さらには、いままで盲点となっていた空白市場はないかを検討します。このとき、俯瞰して物事を見る「鳥の目」が大切です。

　そのうえで第2段階として、再定義した市場の中で、ペルソナを設定して顧客像をより詳細に深掘りしていきます。

　年齢層や職業といった目に見える属性だけではなく、価値観やライフスタ

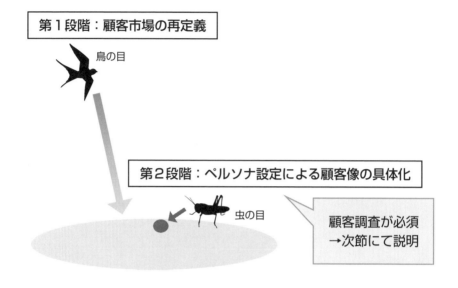

イルまで具体的かつ詳細に想定することが大切です。このときには、ミクロの視点で物事を見る「**虫の目**」が求められるのです。

なお、第2段階のペルソナ設定は、机上の議論だけではうまくいきません。日立アプライアンスの事例でも顧客調査を実施していることを述べましたが、次節ではその顧客調査の手法についても詳しく説明します。

4-3 提供価値の設定

形になる前の「価値」を問い直す

「顧客に提供するもの」というと、どうしてもすぐに製品やサービスという「形」から考えがちです。しかし、製品やサービスというのは、あくまで最終的に形づくられた成果物であって、大切なのは「そもそも顧客にどんな価値を提供するのか？」ということです。顧客に提供すべき価値のことを「**提供価値**」といいます。

話が抽象的になってはいけませんので、事例で説明しましょう。

例えば、コーヒーというモノを考えてみましょう。同じコーヒーというモノを提供するとしても、スターバックスのコーヒーと缶コーヒーとでは、そこに込められた価値は異なるはずです。

スターバックスは、創業者のハワード・シュルツ氏のいうように、コーヒーを売っているのではなく、「第3の場所（サードプレイス）」を提供しています。つまり、第1の場所（ファーストプレイス＝家）でも第2の場所（セカンドプレイス＝職場）でもない、第3の居場所を提供しているということです。「ここにいるだけで気分がよくなり、リフレッシュできる」ような場所を提供しているのです。

したがって、スターバックスにおけるコーヒーとは、サードプレイスという提供価値を現出させるためのツールに過ぎないということなのです。極論すれば、スターバックスは必ずしもコーヒーにこだわっているわけではないのです。

実際に日本でも、2016年3月には「STARBUCKS EVENINGS」として、通常のスターバックス店舗のメニューだけでなく、アルコールを提供する業態も開始しました。まさしく、サードプレイスという提供価値の延長線上にあってしかるべき業態といえます。米国では、この業態が一部を除いて終了

●同じコーヒーでも「提供価値」はこんなに違う●

スターバックス	缶コーヒー
・うまいコーヒーを味わいたい ・自分の時間がほしい ・読書スペースがほしい ・軽い打合せがしたい　など	・ちょっと甘いものがほしい ・タバコのついでに飲みたい ・仕事中煮詰まったので、立ち歩いたついでに飲みたい　など

するというニュースが流れましたが、むしろ、赤提灯（ちょうちん）文化が根づいた日本のビジネスパーソンに対してはフィットした提供価値といえるのかもしれません。

　一方、缶コーヒーはどうでしょうか？

　缶コーヒーの飲み方も多様ですが、仕事の合間の一服というのが、大きな提供価値の1つといえるでしょう。健康志向が高まっている中でも、砂糖入りが一定数売れるのは、仕事で疲れた脳が甘いものを欲する感覚にマッチしているからです。

　また昨今、限られてきた喫煙スペースの中で、タバコとともに缶コーヒーが飲まれるというのも、スターバックスとは異なる提供価値だといえるでしょう。

　このように「提供価値」とは、**顧客の潜在ニーズを解決する**ということです。しかし、顧客は自分の本当のニーズ（潜在ニーズ）を、必ずしも明確に意識化してはくれません。自分が表層的に望んでいるものと、深層心理レベルで望んでいるものとは、必ずしも一致するわけではありません。換言すれば、顧客が「ほしい」と意識しているものは、必ずしも心の底から望んでいるものではない、ということさえあるのです。

　例えば、先ほどの例でいえば、「コーヒーを飲みたいか？」と聞かれれば「YES」と答えるでしょう。しかし、その人の深層心理では、「少し休みたい」「気分転換がしたい」「何か、よいアイデアがほしい」といった、まったく違う次元の欲求があるわけです。

　だからこそ、消費者アンケートのような定量調査には限界があり、定性調査の手法が必要になるのです。

●顧客ニーズの「表層」と「深層」●

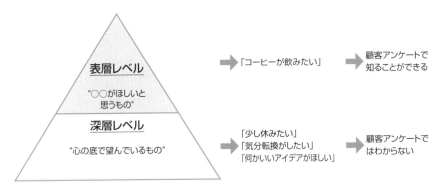

深層心理レベルのニーズを知る①――インタビュー

　定性調査の代表例としては、「**インタビュー**」があります。要するに、顧客（または対象顧客となりそうな人）の話を聞いてみるということで、これが事業開発の原点だということは、いうまでもありません。

　まず、わかりやすいのが、顧客に対して１対１で個別に話を聞く「**個別インタビュー**」です。マーケティングの世界では、深く聞くという意味で「デプスインタビュー（depth interview）」と呼ばれています。

　この個別インタビューでは、一人ひとりの事情に応じて、プライバシーの機微に触れながらも、匿名性を担保しつつ話を聞くことができます。繊細なテーマについて話を聞きたいときや、その人自身の価値観に踏み込んで聞きたいときには、有効な手法です。

　また、ライフスタイルや生活シーンを想定してもらいながら、時系列に話を聞くことも可能です。

　例えば、教育関連の事業開発をする場合、高校生に対して、次のように時系列に話を聞き出すことができます。

「中学校時代の勉強スタイルはどうだった？」
「それが高校に入ってから、どう変わった？」
「大学受験を意識したときに、どう変わった？」

また、もっとミクロなレベルで知りたければ、次のような形で、1日の行動パターンを聞くこともできるわけです。

「朝起きて家を出るまでに何をしているの？」
「通学時間帯はどう？」
「家に帰って夕食までの時間は？」

一方、集団での座談会形式のインタビューを「**グループインタビュー**」といいます。5～6人程度の参加者で行なうのが一般的です。モデレーター（議事進行役）が適宜話題を振りながら自由に参加者から意見を出してもらうというものです。

個別の1対1のインタビュー調査は、じっくりと意見を聞くことはできますが、各個人がその場で思ったことしか発言しないため、意見の広がりが生まれにくいという欠点があります。

これに対して、グループインタビューであれば、参加者相互の意見交換もできたり、他人の意見を聞きながら自分の気づいていなかった点を言語化できたりします。筆者自身も以前、アパレルメーカーのコンサルティングをした際に、グループインタビューを実施したことがありました。「クライアント企業の開発陣が自負しているハイエンドブランドがなぜ伸び悩んでいるのか？」を検証するためです。

グループインタビューの参加者は、そのクライアント企業が対象顧客として想定している30代～40代主婦の方々でした。実際に、その企業や同業他社の商品を手に取ってもらいながら、いろいろざっくばらんに感想を聞きました。ブランドタグも外していますから、参加者の方々は、あくまでデザインについてだけの印象を発言してくれたわけです。

しかし、その結果、「水商売の人が着る服みたい」「私はちょっとムリかな」といった発言が続出しました。同社の開発陣が提供しているつもりだった「高級感」が裏目に出てしまい、自信満々だった彼らが愕然とする状況になったのです。

●インタビュー手法の比較●

	デプスインタビュー	グループインタビュー
概要	1対1の対面聞き取り	集団による座談会形式
メリット	・個人の価値観や購買理由、生活シーンなどをじっくり聞くことができる	・短時間で実施可能である ・相乗効果で思いがけないアイデアが生まれやすい ・自分が忘れていたことでも、他者のコメントを通じて思い出すことがある
デメリット	・時間がかかる ・対象者一人の意見で終わってしまう ・対象者が思い出さない限り意見が出てこない	・声の大きい一部の参加者の意見に引きずられる可能性がある ・個別の少数意見がくみ取りにくい

このときに初めて、自社が提供している「価値」が、対象顧客である30代〜40代主婦が考える「ニーズ」を満たしていないことが浮き彫りになったわけです。ここから、この会社が「提供価値」を再検討して方向転換を図っていくことになったのです。

深層心理レベルのニーズを知る②──行動観察

顧客の潜在ニーズを定性調査するのに効果的なインタビューですが、やはり限界があります。グループインタビューであっても、概ね2時間程度なので、その限られた時間の中で、すべての顧客の潜在ニーズを把握することは難しいのです。

そこで最近、改めて注目されているのが、**「行動観察」**です。人々が何気なく行なっている行動を観察し、その行動の背景にある深層心理レベルの潜在ニーズを把握しようという手法です。

例えば、家電の新しい提供価値を考えるのであれば、家電量販店で来店客の様子を観察したり、実際に生活者が家電を利用する様子を観察したりします。行動の現場から、人々の深層心理を把握しようとするわけです。

● 花王のケース

　花王は、生活者の行動観察を長年続けていることで有名です。同社では生活者研究センターが『くらしの研究』と題して、生活者一人ひとりの「おもい」や「くらし」を見つめ、変化の兆しをいち早くとらえようと生活者の研究に取り組んでいます（同社ＨＰ〔http://www.kao.co.jp/lifei/about/〕）。

　その行動観察の成果の1つとしては、食器用洗剤「キュキュット」の改善が挙げられます[※8]。

　同商品も**ライフサイクルの成熟期**に差し掛かり、主成分の見直しを検討するに至りました。ただし、機能的にはほぼ完璧でさらなる改良余地はないように考えられていたため、消費者インタビューでも不満は出てこないだろうと予想されました。

　そこで、食器洗いに対する行動観察をいま一度実施した結果、「モコモコと泡立てたい」というニーズと、「キュキュッとすすぎのキレがほしい」というニーズの両方を満たしたいという、消費者の潜在的な思いが浮き彫りになりました。

　じつは、泡立ちがよすぎると、すすぎに時間がかかりキレがなくなるという、相反した洗剤固有の性質があったのですが、行動観察の調査結果を踏まえて、主成分の見直しを実施して解決を実現したのです。その結果、発売10年を迎えた2014年8月に「キュキュット」のリニューアルを実行し、売上アップに成功しました。

● サントリーのケース

　サントリーも、行動観察から多くのヒット商品を開発しています。そのうちの1つが、スポーツドリンク「ＤＡＫＡＲＡ」の成功です[※9]。

　スポーツドリンク市場では、大塚製薬の「ポカリスエット」と日本コカ・コーラの「アクエリアス」が2強として君臨しており、サントリーもいくつかの商品を投入するものの、その牙城をなかなか切り崩せずにいました。そこで、行動観察を実施した結果、誕生したのが「ＤＡＫＡＲＡ」です。

　従来のアンケート調査では、スポーツドリンクは「スポーツ時あるいはスポーツ後」に飲むというのが、76％と大半を占めていたそうです。しかし、

実際の飲料行動を消費者に日記でつけてもらったところ、「スポーツ時あるいはスポーツ後」にスポーツドリンクを飲む消費者は18％に過ぎず、二日酔いや仕事の合間というのが大半を占めたという実態がわかったのです。そこで、サントリーはさらに、開発メンバーがトラック運転手に密着し、実際の行動を観察し続けました。

その結果、「不摂生な生活や不規則な生活から体を守るバランス飲料」というコンセプトが生まれました。

つまり、サントリーは、従来において「効率的な水分補給」と考えられていたスポーツドリンクの提供価値に対して、「不摂生からの回復」という新たな価値を見出すことによって、新商品の成功を実現したのです。

このように行動観察という手法は、決して難しい技術が必要になるわけではありません。その意味では、「古くて新しい手法」といえるでしょう。ただし、とても手間と根気が必要な手法です。

顧客が言葉として発しない潜在ニーズを掘り起こして、新たな提供価値を創造するためには、顧客の行動を粘り強く観察し続けることが大切です。

提供価値をまとめる

インタビュー調査や行動観察を行なうことによって、顧客（および対象顧客）の潜在的なニーズが把握できたら、それを整理して**提供価値**としてまとめていきます。

例えば、ダイエットを考える20代女性のニーズを考えてみましょう。

顧客ニーズは、その対象顧客の表層レベルのニーズだけではなく深層心理レベルの潜在ニーズを把握しなければなりません。

ダイエットを考えている女性の場合、「きれいになって異性にモテたい」というようなことは、誰でもすぐに思いつきます。「就活を成功させたい」という人もいるでしょうし、なかには「周りの同性を見返して自分のヒエラルキーのポジションを上げたい」という思いを強く抱く人も存在します。その点をさらに掘り下げると、「自分に自信がない」という悩みをもっていたりするはずです。

第4章　ビジネスモデルを思考する①——戦略を策定する

そのような深層心理レベルの潜在ニーズにまで掘り下げていかないと、その後に検討すべき「提供価値」もツメが甘いものになってしまいます。だからこそ、前述のように、インタビューや行動観察を行なうことが必須となるのです。
　以上の顧客ニーズを受けて、提供価値を検討します。
　このダイエットの例では、ココロのレベルからきれいになるという提供価値を考え、「ココロからダイエットを実現する」とし、「ココロダイエットサービス」と命名しました。「やせたい」という願望は、じつは表層レベルのニーズであり、対象顧客の深層心理には心の問題があるととらえたのです。つまり、「自分に自信がもてない女性が、自信をもてるようになるには？」という観点で提供価値を考えてみました。
　そこから生まれるサービス例としては、次のようなものが挙げられます。

・毎日サプリを服用、朝食は指定セットに変えるだけ
・スマホ連動で記録、および通知がされる
・参加メンバー内SNSで情報交換をし、モチベーション向上につなげる
・担当カウンセラーに仕事や恋愛の相談にも乗ってもらい、悩みが解決できる、適宜ワークショップも実施

●顧客ニーズと提供価値（「ココロダイエットサービス」の例）●

顧客ニーズ	提供価値
「やせてきれいになりたい」ダイエットを考える20代女性	「ココロからダイエットを実現する」ココロダイエットサービス
・手軽にやせたい ・自分に自信をつけたい ・きれいになって異性にモテたい ・就活を成功させたい ・周りの同性を見返したい ・ダイエットの努力を周りに知られたくない	・毎日サプリを服用、朝食は指定セットに変えるだけ ・スマホ連動で記録、および通知がされる ・参加メンバー内SNSで情報交換をし、モチベーション向上につなげる ・担当カウンセラーに仕事や恋愛の相談に乗ってもらえる、適宜ワークショップも実施

さて、以上のような提供価値の検討の際には、ぜひワークショップ形式で実施することをお勧めします。一人で考え込むのではなく、複数メンバーで、可能であれば対象顧客層に近いメンバーにも参加してもらい、討議してみてください。そうすることによって、初めて腹に落ちる価値提案ができるはずです。

4-4 販売チャネルの設定

販売チャネルの変化

販売チャネルとは、顧客へ商品やサービスを届けるルートのことです。「メーカー」→「卸売」→「小売」→「エンドユーザー（最終消費者）」というのが、その典型例です。

元来、日本の流通構造については、「多段階性が強いことが特徴である」といわれてきました。つまり、中間流通が一次流通、二次流通といった形で多段階を経るということです。

流通構造を見る定量的な指標としては、「W／R比率」があります。卸売販売額（W：Wholesale）を小売販売額（R：Retail）で割った値です。卸売が何段階もある場合、二重、三重で販売額が計上されていきますので、その額が増えていくわけです。つまり、このW／R比率の値が大きいほど、「卸売の多段階性がある」といえます。右ページ上の図に示したように、その値も近年急速に低下しており、中間流通が効率化されていることがわかります。

このように、流通チャネルが変革している要因は大きく2点あります。

1点目は、「小売サイドのバイイングパワーの強まり」です。かつてのメーカー主導の時代では、メーカーが卸売業者を通じて小売業者に販売するというルートが通例でした。しかし、小売業者が巨大化して強いバイイングパワーをもったため、小売業者主導によるメーカーとの直接取引が広がっています。

さらには、セブン-イレブンのPB（プライベートブランド）開発、ユニクロのヒートテック開発などに見られるように、小売業者主導による商品開発という形もよく採用されています。

2点目は、いうまでもなく「ネット化」です。この20年間であらゆる商品やサービスがネットを通じて販売されるようになりました。当初、有形の商

●日本のＷ／Ｒ比率の推移●

（注）　Ｗ／Ｒ比率＝（卸売業販売額－産業使用者向け販売額－国外向け販売額）／小売業販売額
（出所）　一般財団法人商工総合研究所「中小卸小売業の現状」
　　　　〔http://www.shokosoken.or.jp/chousa/youshi/28nen/28-1.pdf〕

品からネット販売が始まりましたが、その後、旅行・証券・保険などのサービス業というように販売対象が拡大し、あらゆる商材のネット販売が実現しました。いまでは、ネットで販売することは、あらゆる業界の事業者にとって当たり前の選択肢となっています。ネットによって、小売業者すら排除され、供給者から需要者への直接取引が可能です。

　こうした動向にともない、販売チャネルはじつに多様な設計が可能になりました。従来は、商品を開発したら、自社が直販部隊をもたない限りは、いずれかの卸売業者（商社や代理店など）に販売を委託するしかありませんでした。「どこの卸売業者に委託するか？」という選択肢しかなかったわけです。

　しかし、現在は違います。販売チャネルの設計、具体的には販売チャネルの変更の巧拙においても、ビジネスモデル改革の余地があり、新規事業の命運を左右する１つの要素となっているのです。

販売チャネルの多様性

　では、実際の販売チャネル設計の多様性について考えてみましょう。次ページの上の図を参照してください。

● 販売チャネルの多様性の例 ●

[家電の場合]

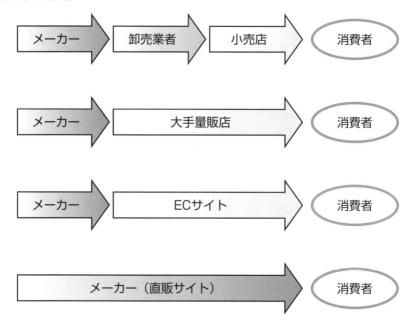

[映画の場合]

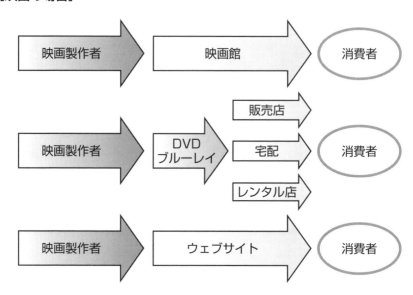

例えば、家電を販売すると仮定します。以前では、家電卸に商品を流してそこから小売を通じて消費者に販売するというルートしかありませんでした。

しかし現在では、大手量販店が自社内に卸部門をもち、メーカーとの直接取引を行なっています。また、アマゾンや楽天などのネット販売業者を通じて販売することもありますし、自社サイトで直販することも可能です。

次に、コンテンツの場合はどうでしょうか？

例えば映画は以前、前ページの下の図の一番上に示したように、映画館で観るしかありませんでした。しかし、ビデオ、ＤＶＤ、ブルーレイという形でパッケージ化が進み、映画館以外での二次流通が可能となりました。

それも当初は、店舗でのレンタルから始まりましたが、ウェブサイト＋宅配によるレンタルに移行します。そして、いまでは、ネットによる動画配信サービスが当たり前の時代となりました。

販売チャネルを考えるときに大切なのは、チャネル構造の変化に対応することです。

1985年創業のブロックバスターは、最盛期には全米で約3,000店のＤＶＤレンタル店を展開していましたが、動画配信サービスの波にもまれ、2010年にはチャプター11（米国連邦倒産法第11章）を申請し、倒産に追い込まれています。

一方、ネットフリックスは、ＤＶＤ宅配レンタルサービスとして1997年に創業されました。しかし、10年後の2007年、ビデオ・オン・デマンド方式によるストリーミング配信サービスに移行していきます。まさしく、チャネル構造の変化に対応することに成功したわけです。

このように販売チャネルの設計は多様となるわけですが、ビジネスモデルを再構築するための販売チャネル再構築のキーワードとして、次の3つを紹介しましょう。

① 購買代理
② オムニチャネル
③ 人的営業

販売チャネル再構築のキーワード①──購買代理

　販売チャネル再構築のキーワードの1つめは、「**購買代理**」です。

　これは、特定の供給者（メーカー）サイドに立って商品を流通させる販売代理ではなく、ユーザーサイドに立って多数の供給者の中から最適な商品をセレクトして提供しようというスタンスです。従来は、供給者にはそれぞれ特約代理店が存在して、そこからユーザーに商品を販売するのが通例でしたが、供給者から独立した代理店が、ユーザーサイドに立ってあらゆる供給者の商品を取り揃えるというモデルとなります。

　1990年代より、金型商社のミスミや文具のアスクルなどがその代表例として、多くのビジネス書などで紹介されてきました。

　アスクルは、文具メーカーのプラスの流通における新規事業として始まりました。従来であれば、自社の流通事業は自社商品を販売するのが当然という発想になるわけですが、アスクルは自社以外の各文具メーカーの商品を取り揃えてユーザーに提供したというのが、革新的だったわけです。

　業界トップのコクヨも「カウネット」を立ち上げて追従するなど、アスクル誕生を契機に、文具業界全体の流通構造が変革していったのです。

　こうしたモデルは、必ずしもメーカーだけではありません。サービス業の世界でも可能です。

　通信業界での成功例の1つが、ワイヤレスブロードバンドサービス事業のワイヤレスゲートです[※10]。

　ワイヤレスゲートは、自社では設備は保有せず、それぞれアクセスポイントを設置している各Wi-Fiサービスを1つの認証で提供するというサービスを展開しています。

　従来であれば、ユーザーはそれぞれのWi-Fi事業者と契約し、それぞれ各社のアクセスポイントしか使えないというのが常識でした。しかし、同社と契約すれば、各社のアクセスポイントが利用可能となるわけです。このワイヤレスゲートのサービスは、ユーザーの購買代理をしていることになります。

　当初はWi-Fiサービスだけでしたが、いまではWiMAXやLTEなど、他のワイヤレスブロードバンドサービスも一括して提供しています。

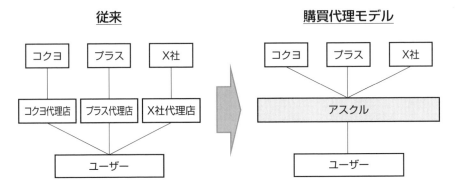

 同社のように自前の通信インフラを保有せず、無線通信キャリアから通信インフラを借り受けて無線サービスを提供する事業者のことを「MVNO(Mobile Virtual Network Operator)」といいますが、通信キャリアから見れば、エンドユーザーとの直接的な契約はリテール（小売）に、MVNOとの契約はホールセール（卸売）に該当します。

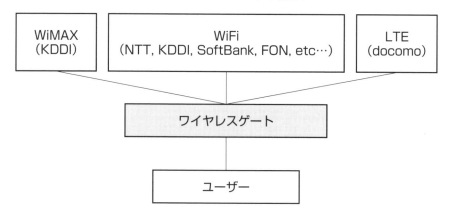

●ワイヤレスゲートの事業構造●

販売チャネル再構築のキーワード②──オムニチャネル

　販売チャネル再構築のキーワード2つめは、「**オムニチャネル**（omni channel：あらゆるチャネル）」です。

　前述したように、もはやネットで売れないものはありません。ただ、そうはいっても、やはりリアル店舗と連携したほうが販売をより強化できる場合があり得ます。そこで、ネットもリアルもあらゆるチャネルを活用するという方向性が、昨今の流れといえます。いわゆる「オムニチャネル」です。

　例えば、メガネのECサイトの「オーマイグラス（Oh My Glasses）」が成功事例として挙げられます[※11]。じつはメガネは、ネットでは販売しにくい商材の1つとされてきました。なぜなら、実際に試着してみないと装着感（掛け心地）がわからないだけでなく、度数調整が必要だからです。

　そこで、オーマイグラスは　送料無料かつ返品も無料対応としています。通販サイトだけでなく、リアル店舗（直営店10店舗、提携店全国約600店：2018年2月現在）も確保し、視力検査、修理、フィッティングなどのサービスを提供しています。

　さらに、自宅または直営店舗で5本まで無料試着できるサービスも行なっていますので、ネットとリアルを組み合わせてユーザーが安心して購入できる体制を整えています。

同社は、2011年創業のベンチャー企業だったということもあり、自社単独でリアル店舗の全国展開を行なうのは困難でした。そこで、ふつうならば競合となり得る既存のリアルのメガネ小売業に対して提携を提案し、競合をパートナーとして活用することに成功したのです。

　こうして、ネットベンチャーがリアル業態を取り込み、まさしく「オムニチャネル」を実現することができるようになりました。つまり、リアル店舗と連携することによって、ネットでは売りにくいと考えられてきた商材であっても、ほぼすべての商材を販売できるようになったわけです。

　一方、リアルの小売業サイドも、このような状況に対して指をくわえて傍観しているわけにはいきません。リアル小売業で問題になっているのが、「**ショールーミング化**」という消費行動です。いまの消費者がリアル店舗に求めるのは、商品を見て確認して店員から説明を聞くまでであって、その後は価格比較サイトで価格を比較したうえで、自分が納得したサイトで購入します。つまり、リアル店舗は、ネットで購入するためのショールームとして利用されているに過ぎないというわけです。これでは、リアル小売業は商売になりません。ショールーミング化は、リアルの小売業にとって死活問題です。

　そこで、リアル小売業サイドからも、ネットを活用するという逆サイドからのオムニチャネルの展開が見られます。

　その代表例が、ヨドバシカメラでしょう。ヨドバシカメラは、家電量販店の中でも、従来からIT投資を重視してきたことで有名で、ECサイト「ヨドバシドットコム」も、EC専業者顔負けの充実ぶりです[※12]。

　しかも、同社のサイトは、次のようにリアル店舗と多様な形で連動することによって、消費者の利便性を高めています。

　まず、「**ネット⇒リアル**」の動線です。ネット上で店舗在庫を確認することができて、全商品についてネットで注文、店舗で受け取りを可能としています。在庫があれば30分以内に受け取ることができます。

　「**リアル⇒ネット**」の動線も想定しており、来店客が商品タグ上のバーコードを専用アプリで読み取ると、ヨドバシドットコムのサイトが表示される仕組みとなっています。つまり、前述のショールーミング化を逆手にとって、自社内の売上に取り込もうという戦略です。

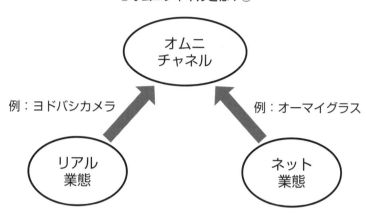

　また、「ポイント共進化」と称してポイントはリアル・ネットで共有できますし、配達料金無料の即日配送エリアも拡充しています。特に、東京都23区と一部のエリアでは、無料で2時間30分以内に配達する「ヨドバシエクストリーム」という配達サービスも開始するなど、顧客へのサービス面の強化を行ない続けています。商品ラインも、日用雑貨、食品、ファッション、書籍などへ拡充し、アマゾンを追撃し得る総合通販サイトへと進化しています。

　その結果、ヨドバシドットコムの売上高は2017年3月期には1,000億円を突破（1,080億円：通販新聞社「第68回通販・通教売上高ランキング調査」）、ヨドバシカメラ全社売上（6,580億円：2017年3月期）の中で重要な位置づけを占めるに至っています。

　このように、リアルの世界からもネットの世界からも、めざす方向は1つになりつつあるのかもしれません。しかし、オムニチャネルの最先端には、アマゾンのようなグローバルプレイヤーの存在があります。

　アマゾンは、リアル店舗「アマゾンゴー（Amazon Go）」を2018年1月に米国でオープンしました。いわばレジのないコンビニエンスストアであり、スマホアプリを起動して入店すると、あとは好きな商品を取って出ていくだけで、自動的に決済まで完了するという仕組みです。今後、日本国内でのオープンも想定されます。

●アマゾンの多様なオムニチャネル●

アマゾンゴー(Amazon Go)
・レジのないコンビニエンスストア
・スマホをかざして入店すれば、あとは自動決済が可能

アマゾンダッシュ(Amazon Dash)
・特定の商品を購入するための専用ボタン
・PCやスマホなどのIT機器なしでアマゾンに直接注文が可能

アマゾンエコー(Amazon Echo)
・音声だけでリモート操作できるスマートスピーカー
・アマゾンでの買い物も可能

(出所) アマゾンHPなどの各種公開資料をもとに筆者作成

また、「アマゾンダッシュ(Amazon Dash)」や「アマゾンエコー(Amazon Echo)」を通じて、店舗を飛び越して「家庭」というリアルとの直結も実現しています[※13]。

もちろん、アマゾンの最先端のチャネル戦略に追随できる事業者は、現段階では数少ないでしょう。しかし、IoTやAIなどの技術は、その技術革新によって、ますます安価に、かつ手軽に利用できるようになるはずです。

ネット(オンライン)とリアル(オフライン)とを融合させていくオムニチャネル戦略は、どの業界にとっても、特別ではない、あくまで「ふつうの」チャネル施策となっていくことでしょう。逆にいえば、オムニチャネルを活用できないようであれば、新規事業が成り立たないという時代になりつつあるといえるのです。

販売チャネル再構築のキーワード③──人的営業

販売チャネル再構築の最後のキーワードは、「**人的営業**」です。前述のオムニチャネルの話とは逆行するようですが、これだけITの時代となっても、ヒトによる営業は依然として重要です。そもそも、ITベンダー業界にも「ハ

イタッチ営業」という言葉があるくらいで、フェーストゥフェースによる販売というのは、強力です。

　しかし、人的営業は強力ですが、それだけ人件費というコストがかかります。だからこそ、あらゆる業界でネット販売という効率化の流れが生まれたわけで、人的営業を進めるのはその流れに逆行することになります。

　では、人的営業が可能となる条件は、どのようなものでしょうか？

　どういうビジネスであれば、人的営業が選択肢となり得るのでしょうか？

　それは、「**説明商材**」という条件です。ユーザーが「対面で説明を聞きたい」「説明を受けたうえで納得しないと購買決定ができない」と思う商品であることが必要です。説明商材は商品単価が高額でもあるため、人件費などのコストを吸収することができます。

　多くのＢtoＢ商材は、その条件に適合します。「コンサルティング営業」という名のもとに、顧客の課題や問題点を把握し、それに対する解決策を提供していく営業活動において、営業パーソンが依然として重要な位置づけを占めているのはそのためです。

　また、ＢtoＣ商材であっても、住宅や自動車などの高額商品であれば人的営業の付加価値が出せます。生命保険や金融商品もこの条件に適合します。

　しかし「説明商材」の条件は、「シニア向けビジネス」であればそのハードルが下がります。というのも、若年層であれば、「説明などは不要」「少しでも安くしてほしい」というニーズがあるのに対して、シニア層であれば、「多少高くてもいいから、十分な説明がほしい」というニーズがあり得ます。

　例えば、「でんかのヤマグチ（社名はヤマグチ）」は、その成功事例といえるでしょう。各種メディアに取り上げられているので、ご存じの方も多いのではないかと思います[※14]。

　同社は1965年創業、東京都町田市で店舗１か所（＋修理専門店１か所）のみでやっている、まさしく「街の電気屋さん」です。しかし、周囲に大型量販店がひしめく環境でも、一貫して「**御用聞き営業**」に徹して、**顧客密着型のスタイル**を貫いています。御用聞き営業は、一見すると非効率で時代に逆行するように見えますが、特にシニア層の顧客にはありがたいものです。

　家電製品は日々進化を遂げているため、シニア層には複雑でわかりにくい

ものになっていますし、そもそも歳を重ねると外出するのが億劫になります。「電球1個が切れただけでもすぐに飛んできてくれる」「リモコンの使い方を教えるために駆けつけてくれる」など、まさしくかゆいところに手が届くサービスをしてもらえれば、「多少高くても、ここで買おう」という気持ちになります。その結果、大手量販店の粗利益率が一般的に20％台後半であるのに対して、同社の粗利益率は4割前後と、高粗利益率を実現しています。

販売チャネル設計の多様な可能性

このように見ていくと、販売チャネルの設計については、じつに多様な可能性があることがわかります。この四半世紀の間にあらゆる業界でチャネルのネット化が進みましたが、必ずしも効率化をめざすのが正しいというわけではないといえるのです。

同じ商品を販売するに際しても、それは当てはまります。

家電の販売方法は、大手量販店とECサイトだけではなく、人的営業を重視した地場密着型チャネルも依然として存在価値があるのです。

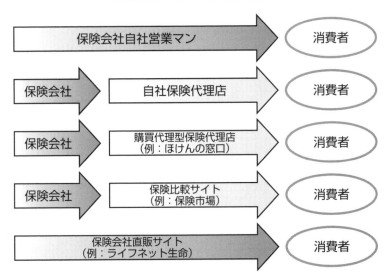

●保険業界のチャネルの多様性●

保険業界も同様です。例えば、「ほけんの窓口」のような購買代理型の来店型保険ショップや「保険市場」のような比較サイトも一般的になりました。また、ライフネット生命のようなネット専業事業者も認知度を高めています。その一方で、ソニー生命やプルデンシャル生命においては「ライフプランナー」と呼ばれる高付加価値人材によって営業活動を行なう人的営業ビジネスモデルが健在です。

　同じ商品やサービスであっても、その「提供価値」に応じて、チャネル設計も多様となり得るということです。「いずれかのチャネルに絞るのか？」「複数チャネルをミックスさせるのか？」は検討の余地があります。そのバリエーションの中に、みなさんのイノベーションの余地があるということなのです。

4-5 プロモーションの設定

プロモーションとはコミュニケーションである

　プロモーションというと、得てして「広告宣伝」というイメージでとらえられがちです。

　プロモーション（Promotion）は、商品（Product）、価格（Price）、チャネル（Place）とともに、マーケティングの「4P」の1つとされてきました。この4Pが事業者視点に基づくフレームワークであるのに対して、**顧客視点**として提唱されたフレームワークが「**4C**」です。

　この4Cでは、プロモーションは「**コミュニケーション（Communication）**」に相当します。

　つまり、プロモーションとは、企業が事業を継続・発展させていくうえでの顧客とのコミュニケーション全般ということです。事業計画策定上も、プロモーションを顧客とのコミュニケーションととらえ、発想に広がりをもたせる必要があります。

　プロモーション（コミュニケーション）の手法としては、広告にとどまらず、テレマーケティング、ダイレクトメール、パブリシティ、Web、SNS、イベント、コミュニティ形成など、多様なものが考えられます。

●プロモーションとコミュニケーション●

4P	4C
商品（Product）	顧客価値（Customer Value）
価格（Price）	顧客コスト（Customer Cost）
販売チャネル（Place）	利便性（Convenience）
販促（Promotion） ⇔	コミュニケーション（Communication）

3つの顧客接点とプロモーションの活用シーン

プロモーションを検討するときに重要なのは、そのプロモーションの活用シーン、つまり「**顧客接点**」を意識しながら、具体的な手法を選択することです。プロモーションを顧客接点ごとに考えると、大きく「**初期接点**」「**購買接点**」「**継続接点**」の3つに分けられます。

「初期接点」とは、そもそも商品やサービスの存在を認知してもらうための顧客との接点です。知られていなければ、存在しないことと同様です。特に新規事業の場合は、ここからスタートします。「自社で、こういうサービスを始めました」というような情報を、どのように知らせるかについて検討する必要があります。

次の「購買接点」とは、まさしく実際に買ってもらうための顧客との接点です。顧客サイドが実際に「買いたいな」と思うときに、自社の商品やサービスを選択肢として想起してもらえるように、プロモーションを考えなければいけません。

最後の「継続接点」とは、一度購入してもらった後に継続(リピート)して買ってもらうための接点です。ビジネスとして考えた場合、顧客との取引を継続的に行なわなければ収益は上がりません。次々と新たな商品やサービスが投入される中で、自社の商品やサービスを買い続けてもらえる保証はまったくないのです。そのため、一度購入してくれた顧客に対して、リピートしてもらえるようにフォローを行なう必要があるのです。

この継続接点としてのプロモーションを考える際、マーケティングでは、「**CPA**(Cost Per Action または Cost Per Acquisition)」という指標が重視されます。CPAとは、新規顧客一人あたりの獲得コストのことです。

●3つの顧客接点●

初期接点	購買接点	継続接点
商品を市場に認知してもらうための接点	商品を実際に購入検討してもらうための接点	商品を継続的に継続購買してもらうための接点

● プロモーション施策で検討すべき指標 ●

CPA（新規顧客獲得コスト） ［プロモーションコスト÷獲得数］	LTV（顧客生涯価値） ［顧客単価×年間購買頻度×継続年数］
［例］ CPA5万円、 プロモーションコスト4,000万円で設計する場合 　・新聞広告2,000万円 　・Web広告500万円 　・イベント実施1,500万円 ⇒800名（4,000万円÷5万円） 　の新規獲得が必要	［例］ 平均顧客単価2万円、 半年ごとに購買、継続年数5年間で設計する場合 2万円×年2回×5年間＝20万円

　しかし、BtoC、BtoBに限らず、大切なのは「**継続購買（反復購買、リピート）**」です。新規顧客の獲得コストは、既存顧客の維持コストの5倍かかる、といわれています。したがって、労力、時間、コストをかけて獲得した既存顧客には、継続購買してもらわなければいけないのです。

　逆にいえば、軽視されがちな既存顧客の維持コストに光を当てれば、大きな効用が得られるはずです。

　また、前述したCPAとともに、「**LTV**（Life Time Value：**顧客生涯価値**）」という指標も重要です。LTVとは、顧客一人からその一生涯の間に享受できる価値はどの程度かということです。このLTVを上げるためにも、「継続接点」のプロモーションは不可欠です。

　例えば、プロモーションの各手法について3つの顧客接点との関係で整理すると、次ページの図のようになります。

　「初期接点」については、**パブリシティ**（記者会見やプレスリリースを通じてマスメディアに報道してもらう手法）が最も効果的です。新しい商品やサービスが新聞、テレビ、雑誌などで取り上げられると、「認知度向上」という点で、大きなアドバンテージとなります。

　パブリシティの場合は、広告と違ってコストもかからないため（あくまでメディア側に取材されるというスタンスなので）、その点でもメリットが大きいといえます。

　しかし、それだけに競争率も当然高くなります。新聞社やテレビ局には毎日膨大な数のプレスリリースがさまざまな企業から送付されるからです。一

●プロモーションの各手法と３つの顧客接点●

	初期接点	購買接点	継続接点
広告	例：バナー広告 テレビ広告	例：アフィリエイト広告 リスティング広告	例：テレビ広告 メール広告
営業パーソン	商品紹介	商談・提案	定期訪問
パブリシティ	○		
イベント（見本市・展示会等含む）	○		
テレマーケティング	○		
クチコミ	○		
コミュニティ（会員イベント・会員カード）			○
ダイレクトメール	○	○	○
Web	○	○	○
SNS	○		○

部の大手企業のように、広報部隊がメディアと定期的に交流し続けていなければ、パブリシティは簡単ではないでしょう。

　したがって、コストをかけて初期接点をもち、認知度向上を図る手法を活用するのが現実的だといえます。

　もし、多額の広告コストがかけられる場合には、新聞、雑誌、ラジオ、テレビの４大媒体の中ではテレビ広告を選択するか、あるいはネット広告の中ではバナー広告を選択することになるでしょう。

　そこまでコストをかけられない場合には、ダイレクトマーケティング、つまりダイレクトメールやテレマーケティングなどを選択するのが得策です。前者のダイレクトメールは小売業や学習塾などの生活関連サービスに適合し、

後者のテレマーケティングは不動産や金融商品などの高額商品が適合します。

また、ＢtoＢ商材であれば、見本市や展示会での出展がオーソドックスな手法として活用できるでしょう。その場合、業界内外の関係者との名刺交換により営業の基点とすることができますし、新商品に対するコメントをもらい、それを商品開発担当者へフィードバックすることにより、商品改良につなげられます。

次に、実際の購入につなげる「購買接点」では、ＢtoＣ商材であれば、ＳＮＳから「**クチコミ**」へという動線はとても重要です。ネット広告を活用する場合には、リスティング広告やアフィリエイト広告により「クチコミ」を狙うことになります。

一方、ＢtoＢ商材であれば、「営業力」に大きく依存することになるので、営業担当者による「提案力」が重要になるでしょう。

続いて、「継続接点」では、顧客に自社のブランドを絶えず想起してもらい、何度も継続購買をしてもらえるように、プロモーションを考える必要があります。

ＢtoＣ商材であれば、後述する「ユーザーコミュニティ」の形成が有効です。多くの業界で、「会員制度」を採用しているのも、その表れだといえます。

これに対して、ＢtoＢ商材であれば、他の顧客接点と同様に、継続接点の場合でも「ヒト」に依存する部分が大きいといえるでしょう。もちろん、ネット上で会員向けサービスを提供して、継続購買を顧客に促す方法もあり得ますが、顧客との関係性を強化するためには、やはり人的営業にもコストをかけなければなりません。

プロモーションのゴールは「顧客ロイヤルティの獲得」

このように、プロモーションを設計するときには、その活用シーンに応じて（各顧客接点に応じて）、各プロモーションの組み合わせ方、つまりプロ

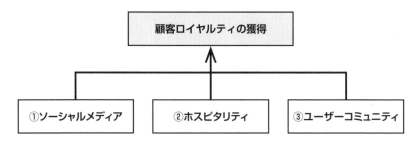

モーションミックスを検討しなければいけませんが、究極的には、「**顧客ロイヤルティを獲得する**」ことが最高のプロモーションです。

どんなに迅速に認知度が向上しても、どんなに魅力的な割引サービスであっても、結局は一過性のものです。顧客にとって、「その会社の商品がないと困る」「そのサービスがないと生きていけない」というレベルにまで引き上げていかなければ、継続的な利益を得ることはできません。顧客ロイヤルティの獲得とは、まさしく「ファン」をつくるということです。

そのためには、上の図に示したように、3つの切り口があります。

顧客ロイヤルティ獲得のキーワード①──ソーシャルメディア

「ソーシャルメディア」の重要性は、いまさらいうまでもないでしょうが、ソーシャルメディア活用のメリットは、コストをかけずに初期接点（ブランド認知）から継続接点（ファン形成）までを捕捉できることです。

ここでは、土屋鞄製造所を紹介します[※15]。中小企業によるソーシャルメディア活用の成功事例として参考になるでしょう。

同社は1965年、東京の足立で創業されました。当初は小さな町工場で、ランドセルを製造する会社でした。

そんな同社が2000年代に入り急成長を遂げた要因の1つが、「ソーシャルメディアの活用」です。

自社サイトを強化し、ブログを発信し続けるとともに、インタビュー記事などを豊富にサイトに連載し、自社商品に対する「つくり手の思い」や「ユ

ーザーの思い」などをまめに書き込んでいきました。さらには、フェイスブックやインスタグラムで、製造工程や新商品を丹念に発信していきました。

その結果、いまでは同社のフェイスブックのフォロワー数は、中小企業にもかかわらず、28万人を超えています（2018年3月現在）。また、同社のフェイスブックページ内には「購入する」ボタンがあり、そのボタンは自社のECサイト（販売サイト）にリンクされており、そのまま購入につなげることもできます。

同社の本社は、創業時の町工場から、おしゃれな「工房」というイメージに変革しており、繁忙期の休日ともなると、駐車場には高級外車が並んでいる状況です。実店舗も、新丸ビルや白金、自由が丘等の一等地に出店するに至っています。いまではすっかり、鞄の高級ブランドとして定着した感があります。「金を使わず知恵を使う」を地で行く戦略といえるでしょう。

顧客ロイヤルティ獲得のキーワード②──ホスピタリティ

顧客ロイヤルティを獲得するためのプロモーションの手法として「**ホスピタリティ**」を挙げたことを意外に思われた方もいるかもしれません。

しかし、商品やサービスを提供するときに、気持ちのよい「おもてなし」を付加することによって、顧客に「また来よう」「また買おう」と思ってもらえれば、継続購買（リピート）を狙ううえで、これほど強力なプロモーションはない、といえるでしょう。

エー・ピーカンパニーが運営する「塚田農場」は、親しみのある居酒屋ならではのホスピタリティを提供しています[※16]。

塚田農場の店舗に初めて来店すると、自分の名前を入れる名刺をつくってくれて、来店回数が増えるたびに、「課長」⇒「部長」⇒「社長」というように名刺の肩書が昇進するようになっています。その仕組み自体は、ポイントが貯まるという点では一般的なポイントカードと本質的に何ら変わりはないのですが、メインの対象顧客層であるサラリーマンの気持ちをくすぐる、うまい手法だと思います。

同社の接客スタイルは、「フレンドリー」を基本としています。マニュア

ルどおりではなく、顧客にサプライズを与えようと、店員が全員で考えて接客に取り組んでいます。

例えば、チョコレートで自分の名前が書かれた皿が出てきたり、お通しの野菜を残したら別の形で調理をして出し直してくれたり、タッパー（保存容器）に入ったネギ味噌をお土産としてもらえたりするなど、きめ細やかな「気づかい」が顧客に感動を与えます。そして、その喜びの声が、口頭あるいはソーシャルメディアを通して「**クチコミ**」となって拡散し、さらなる好循環をもたらしています。

このような取り組みの背景には、現場スタッフへの「**権限委譲**」があります。例えば、客単価4,000円の1割の400円分を無料でサービスできる権限がアルバイトを含むスタッフ一人ひとりに与えられています。これをどのような形で顧客に提供するかは、それぞれのスタッフに任されています。接客を通して生み出された創意工夫は、さまざまな形となり、その数は1,500件を超えるとのことです。

また、現場の創意工夫の原動力となっているのが、各種のモチベーションを向上させるための施策です。「ＡＰ感謝祭」と題したスタッフ向けのイベントを実施したり、学生アルバイトに対して就活支援（企業選定のアドバイス、エントリーシートの添削、模擬面接など）を行なったりして、スタッフをやる気にさせる工夫も施されています。

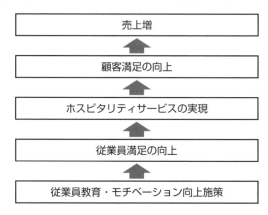

●従業員満足がホスピタリティを生み、顧客満足を向上させる●

ちなみに、エー・ピーカンパニーは、経済産業省「おもてなし経営企業選」の選出企業（平成24年度）としても選ばれています。
　しかし、そんな同社も他社からの追随を受けて、業績的には曲がり角に来ている感があります。今後のさらなる展開に期待したいところです。

　こうした顧客へのホスピタリティを生む主体は、現場のスタッフです。現場のスタッフの一人ひとりが高いモチベーションをもって業務に取り組んでいない限り、顧客へのホスピタリティは生まれません。すなわち、時間をかけて社員教育をしなければ、レベルの高いホスピタリティは実現できないのです。
　この点については、ゼロから新規事業を立ち上げる場合、事業計画を立案する段階から、プロモーションの１つとして構想しておくことは可能です。
　「ホスピタリティ」というと、リッツカールトンのような高級サービスを思い浮かべるかもしれませんが、決してそれに限定されません。また、必ずしもＢｔｏＣビジネスとも限りません。前述の経済産業省「おもてなし経営企業選」でも、多数のＢｔｏＢ企業が選出されています。
　要するに、商品やサービスの顧客層に応じて、それぞれ異なる「おもてなし」のあり方があり、それは必ず強力なプロモーションツールとなり得るということです。

顧客ロイヤルティ獲得のキーワード③──ユーザーコミュニティ

　顧客ロイヤルティを獲得するための最後のキーワードは、「**ユーザーコミュニティ**」です。
　いわゆる「**顧客の囲い込み**」の施策としては、ポイント制度というものが従来からある手法です。しかし昨今、あらゆる業種でポイントカードやマイレージカードの類が発行され、一人で何十枚ものカードをもっている人もいます。そのため、ポイント制度自体が同質化してしまい、差別化要因にならない、という事態に陥っています。
　本来、ポイント制度は、顧客との長期的な関係性を築くための仕組みであ

るにもかかわらず、割引額の大小でしか評価されない結果となっています。

したがって、顧客ロイヤルティを獲得するためには、ユーザーコミュニティを形成して、ユーザー（顧客）を「ファン」のレベルにまでランクアップさせる必要があります。

● ハーレーダビッドソンのケース

ユーザーコミュニティの成功例としては、ハーレーダビッドソン公認の「ハーレー・オーナーズ・グループ」があります。

このコミュニティは、1980年代のハーレー再建策の1つとして生まれました。当時の北米二輪市場では日本メーカーが席巻しており、ハーレーは瀕死の状態にあったのです。品質や性能だけでは日本メーカーに勝てない中で、同社が始めたのが、ユーザーとライフスタイルを共有するという施策でした。この施策には、「ハーレーのある生活」をユーザーに提案し、ユーザー同士でつどってもらい、ユーザーをファンに育てていくという狙いがあったのです。

いまでは、ハーレー・オーナーズ・グループの会員数は、世界で100万人（日本でも3.5万人以上）を有します。会員には、各種イベントやツアー以外にも、走行距離に応じてオリジナルグッズがもらえる「マイレージプログラム」などの特典があります。約1万円の年会費が固定収入として入るだけでなく、ハーレーファンの育成に寄与しています[※17]。

● ネスレ日本のケース

また、新規事業立ち上げの起爆剤として、ユーザーコミュニティを活用した事例としては、ネスレ日本のコーヒーマシンサービスが挙げられます[※18]。

同社が、日本発で始めたサービスが、「ネスカフェゴールドブレンドバリスタ」です。2009年に開始された本サービスは、家庭用には順調に導入されていきますが、もともと同社が法人市場に弱かったこともあり、なかなか事業所での導入が進みませんでした。大小含めて日本には約600万の事業所がありますが、これらを1つひとつ営業していくことは現実的ではありません。

そこで、考案されたのが、「ネスカフェアンバサダー」という制度です。この制度は、会社との取引にするのではなく、職場の中で協力に同意してくれた人に取りまとめ役をお願いして、コーヒーマシンを無料で提供するという仕組みとなっています。

コーヒーマシンの提供後の専用カートリッジ購入は有料で、ネスカフェアンバサダーが職場のマシンを利用した人から使用料をその都度徴収し、それを取りまとめて決済するようになっています。アンバサダーは、いわばボランティアであり、報酬がもらえるわけではありませんが、制度開始の2012年からわずか4年間で28万人ものアンバサダーが生まれました。

アンバサダーは、同社にとってコーヒーマシンを提供している職場の窓口であるとともに、ネスカフェのファンともいえます。同社は、アンバサダー向けのコミュニティを形成し、アンバサダー限定の工場見学、コーヒー豆の産地ツアー、ワークショップなど、さまざまなプログラムを実施しており、多くのアンバサダーが参加しています。まさしく、ユーザーコミュニティが新規事業の立ち上げに大きく寄与した事例といえるでしょう。

● セールスフォース・ドットコムのケース

「顧客をファンに育てる」というと、ユーザーコミュニティはBtoC企業にしか活用できないと思われるかもしれませんが、BtoB企業でも活用が可能です。

世界的なクラウド企業のセールスフォース・ドットコムでは、ユーザーコミュニティの形成を重視しています。

同社は、「サクセス・コミュニティ」というオンラインコミュニティを設けて、そこでユーザーからの相談を受け付け、ユーザーが抱えている課題の解決に取り組んでいます。また、このオンラインコミュニティで、新機能や改善に対するアイデアを募集し、実際の商品改善につなげています。

さらに、同社はオンラインだけではなく、オフラインでのミーティングやアワードプログラムなども実施しており、それもユーザーとの関係性構築に寄与しています[※19]。

第4章 ビジネスモデルを思考する① ── 戦略を策定する

さて最後に、企業サイドにとって、ユーザーコミュニティのメリットをまとめておきます。そのメリットを大別すると、「リピート率の向上」「サポートコストの削減」「商品開発の支援」の3つとなります。

　まず、リピート率の向上です。顧客が主体的に継続購買をしてくれるようになるのです。また、ハーレーの事例のように、会費を有料にできる場合には、それ自体が収益増につながります。

　次は、サポートコストの削減です。ユーザーコミュニティ内で、ユーザー同士の質疑応答によりユーザーの疑問を解決してくれるので、会社側がすべてのユーザーをサポートするのに比べて、サポートに要するコストを削減できます。

　そして最後は、商品開発の支援です。ユーザーコミュニティをうまく形成できれば、既存商品の改善だけでなく、次世代商品に関するアイデアがユーザーから寄せられるのです。

　このように、「一石三鳥」ともいえるユーザーコミュニティの形成について、ぜひ事業計画の段階から検討してほしいと思います。

4-6 課金モデルの設定

おカネをもらって事業は完結する

　改めて説明する必要もないかもしれませんが、ビジネスは利益を上げなければいけません。どんなに、よい商品やサービスを提供して、顧客に喜んでもらえたとしても、会社が儲からないのでは意味がありません。

　伝統的な価格設定の方法としては、コストから算定する方法、競争価格から算定する方法、市場ニーズから算定する方法などがあります。また、「フリーミアム」と呼ばれるビジネスモデルのように、単に商品に売価をつけて販売するというやり方ではない価格設定の方法もあります。

　したがって、新規事業を成功させるためには、商品やサービスの提供方法以上に、課金モデルの設計には留意する必要があるのです。

　ここでは、次の3つのポイントから課金モデルについて説明します。

(1) 価格水準
(2) 課金するタイミング
(3) セット課金

価格水準①――高価格

　稲盛和夫氏の言葉に「値決めは経営」がありますが、まさしく名言だと筆者は考えています。価格水準をどのように設定するかは、事業の成否を決する大きな課題だといえるでしょう。

　まず、意図的に価格水準を上げる「**高価格戦略**」を考えてみましょう。

　1,000円で買える安い時計もあるのに、1,000万円もの高額な時計が売れるのは、なぜでしょうか？

それは、人間にはステータスを求める感情があるからです。この消費行動について明らかにしたのが、「ヴェブレン効果」という古典的な消費理論です。米国の経済学者ソースティン・ヴェブレン氏が、米国の有閑階級の消費行動の中には、**顕示的消費**、つまり「見せびらかし」のための自己顕示的消費があることを提示して生まれた理論で、商品価格が高まるほど、その効用も高まるというものです。なお、この理論について紹介されたヴェブレンの著書『有閑階級の理論』の初版は1899年に発行されています。

● アメリカンエキスプレスカードのケース

例えば、アメリカンエキスプレスカードは、高価格帯カードとして知られています。一般のカードでも年会費は12,000円で、特別な富裕層にしかインビテーション（招待）が来ないブラックカードの年会費に至っては350,000円です（いずれも税別、2018年3月現在）。

クレジットカードがほしいというだけであれば、年会費無料の提携カードもめずらしくない昨今の状況の中で、この高価格帯は異彩を放っています。もちろん、他の競合する数多くのクレジットカード会社とはサービスのレベルがまったく異なりますが、それでもアメリカンエキスプレスが高価格帯を提示できる背景には、それを求める人々の感情的なニーズがあるからです。

●アメリカンエキスプレスカードのラインナップ●

カードの種別	一般	ゴールド	プラチナ	ブラック
年会費	12,000円	29,000円	130,000円	350,000円

（出所）アメリカンエキスプレスＨＰ等公開資料をもとに筆者作成

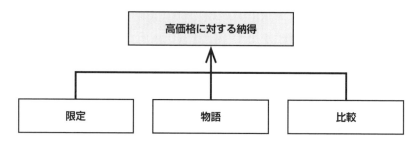

●高価格戦略の実現に向けて●

こうした高価格戦略は、いわゆるブランド品でよく見られますが、近年では日用品や食品の中でも「**プレミアム商品**」として採用される例が増えています。

しかし、高価格戦略を採用するのには勇気が必要です。採用を決定する際に、「本当に高価格を設定して売れるものだろうか」、そんな不安が頭によぎるはずです。

そもそも価格を上げるには、どうすればよいのでしょうか？

それには、何らかの形でお客様に説明して納得してもらうことです。

1つめのアプローチは「**限定**」です。

何らかの形で、顧客に「希少性」を訴えるということです。例えば、「限定○○個」「特別モデル○○台」「○月○日まで限定」といったプロモーションとセットで価格設定を考える必要があります。

また、「経営幹部層限定」「金融資産5,000万円以上の方々のためだけに」といった顧客層の限定も、高価格の源泉になり得ます。さらに、販売チャネルを限定するのも効果的です。ブランド品は、販売チャネルに制約をかけることによって高級感を維持しているのです。

2つめのアプローチは「**物語**」です。

具体的には、次のような例が考えられます。

・創業時の苦労話（例：開発に10年を要して～）
・素材へのこだわり（例：世界中の産地を訪れて～）
・手づくりの工程（例：職人が丹念にお客様一人ひとりを考えながら～）
・セレブとの関係性（例：王室御用達の～）

いわゆるブランド品には、こうした物語が必ずセットになっています。

3つめのアプローチは「**比較**」です。

例えば、料理店のコース料理の値段が「松コース15,000円、竹コース8,000円、梅コース6,000円」となっている場合、おそらく半数の人は「竹コース」を選択するでしょう。

日本人は「松竹梅」で竹を選ぶ確率が高いといわれますが、じつは日本人

第4章　ビジネスモデルを思考する①――戦略を策定する

に限らず、世界でも普遍的に見られる「**フレーミング効果**」という購買特性があるのです。つまり、人間は何らかの「フレーム」（＝枠組み）を設定されると、それを覆して意思決定することは困難になり、逆にいえば、設定されたとおりに意思決定する確率が高くなるということです。松を「見せ玉」として高い価格にして、竹と梅との価格の差異を小さく設定すると、相対的に竹がお得に見えるようになります。

しかし、ここで見逃してはいけない重要なことは、3つの価格を提示することによって、全体としての価格を上げている効果です。つまり、顧客側に価格水準をフレームとして植え付けているということです。

そもそも、先ほど例に挙げた3つのコース料理の価格は、水準としては結構高いはずですが、この価格帯の中で選択することが前提とされていると、竹コースが相対的にお得だと多くの顧客は感じるわけです。

このように、何らかの形で顧客から価格について納得を得られるように価格設定および、その説明を工夫すれば、高価格戦略の成功につながります。

価格水準②——低価格

「売りやすさ」を考えれば、「なるべく安く」と考えるのがビジネスの自然な流れです。また、同質の商品やサービスがあふれ返っている市場では、何もしなければ低価格競争に巻き込まれて価格は低下せざるを得ないものです。

しかし大切なのは、低価格競争に巻き込まれて利幅を落として低価格にするのではなく、意図をもって「**低価格戦略**」を設計することです。

低価格戦略で避けなければならないのは、「安かろう、悪かろう」になることです。価格と提供内容（品質や機能など）はトレードオフになりやすいのですが、それをストレートに出してしまうと、特に日本のマーケットでは消費者から受け入れられにくくなります。

したがって、低価格戦略の肝は、「機能削減＝効用」となるようにすることです。つまり、提供する商品やサービスの機能を削減すること自体が、サービスの悪化ではなく、むしろ顧客にとっての効用となるようにできるか否かです。

一番わかりやすいのは、バイキング形式のレストランです。レストラン側としては、人件費を削減して給仕サービスを低下させているのですが、それ自体が、好きなときに好きなだけ取って食べていい、という顧客側の効用となっているというわけです。

● カーブスのケース

　低価格戦略で成功しているビジネスモデルは、こうした「機能削減＝効用」が効いています。フィットネスクラブのカーブスを例に見てみましょう(※20)。
　カーブスは、米国で発祥した、女性客専門の小型フィットネスクラブです。日本でも2005年にカーブスジャパンが設立され、2018年8月現在で店舗数1,900店舗、会員数約83万人にまで成長しています（カーブスジャパンHP）。
　カーブス成長の背景は、その手軽さにあります。
　同社の各店舗は50坪程度の小規模な施設であり、またマシンがあるだけで、プールもありませんし、更衣室もシャワーもありません。したがって、通常のフィットネスクラブ1店舗で数億円規模の設備投資がかかるのに対して、同社では1店舗あたり2,000万円ほどの投資額で済みます。
　一見物足りないように見えても、運動習慣のない中高年女性にとっては、それがかえって「気楽で心地よい」のです。更衣室もシャワーもないので、自宅から運動着のまま来て、運動後はそのまま帰宅します。面倒な着替えもいらないし、行き帰りの私服に頭を悩ます必要もありません。
　本格的なトレーニング志向の男性客がいると、気おくれしてしまって足が遠のきますが、自分と似たような女性客だけなので、その点も安心です。イ

●カーブスの「削減機能」と「効用」●

削減機能	効用
・プール ・更衣室 ・鏡 ・男性	・気軽さ ・安心感 ・コミュニティ感覚

第4章　ビジネスモデルを思考する①――戦略を策定する

ケメンの男性インストラクターがいると、うれしい反面、それも緊張の要因となりますが、インストラクターも女性のみなので気楽です。

つまり、従来の機能を大きく削減することによって、「手軽さ」「安心感」という従来にはなかった効用を創出しているのです。まさしく、低価格戦略のセオリーどおりの成功モデルといえるでしょう。

価格水準③──無料（フリーミアム）

究極的な価格設定は、「タダ＝無料」にすることです。しかし、ここでいう無料は、収益ゼロの事業ではなく、サービスの利用者を無料にして、利用者とは別のサイドを支払者にするというビジネスモデルです。

このビジネスモデルを構築するための戦略の肝は、複数の対象顧客を設定し、利用者と支払者とのバランスをどのように設計するかということです。

このビジネスモデルの源流は民放放送事業にあり、「無料利用者＝視聴者」、「支払者＝広告主」という構造を築き上げました。この広告モデルを広範に採用していったのが、最近20年間のネットメディア事業の展開でした。

さらに、無料化モデルの幅は広がります。基本サービスの利用は無料、付加価値サービスの利用には有償課金するというものです。一時「フリーミアム」として注目された課金モデル（ビジネスモデル）であり、「無料利用者＝多数の基本サービス利用者」＋「支払者＝少数の有料サービス利用者」という構造になります。

これらを複合すると、多数のユーザーに対して無料サービスを提供する無料化が実現し、かつ重層的な課金モデルが完成します。

まずは、右ページ上の図に示したように、広告収入（①）と有料会員からの会費収入（②）です。

次に、企業側に対してマーケティング調査やコンサルティングサービスを提供することによって、その対価を得ます（③）。多数のユーザー情報を集積することによって、これが可能となります。

さらに、ＥＣやリアル店舗を展開することによって物販収入も実現可能です（④）。例えば、コスメ・美容の総合サイトの＠cosme（アットコスメ）は、

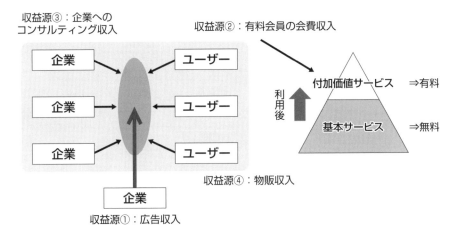

自社サイトや直営店舗で化粧品販売を行なっており、物販収入を伸ばしています。

とはいえ、このビジネスモデルの主軸は、まずは広告収入と有償課金収入（有料会員からの会費収入）です。

広告収入を実現するには、広告主にとって出稿メリットがある媒体とならなければなりません。広告媒体として価値が出せるほどの集客ができるようになるためには、十分な収入が確保できない状況でも無料サービスを提供し続けなければならないのです。

例えば、サイバーエージェントの「アメーバブログ」の場合、2004年のサービス開始から黒字化するまでに約5年間を費やしています。また、1997年創業のクックパッドでは、営業黒字化できたのは、2006年4月期決算でした。この程度の長期間の先行投資に耐えられなければ、そもそも成立しないビジネスモデルということです。

したがって、新規事業を立ち上げる場合、既存事業の収益からどの程度資金を回し続けることができるのか、あるいは外部からの資金調達を確保するのか、事業計画の立案段階から具体的に検討しておくことが必要です。

一方、有償課金収入を実現するには、無償サービスから有償サービスへの階段を絶妙にバランスさせなければなりません。なるべく有償化にシフトさ

●無料化戦略の課題●

収入源	課題
広告収入	多数の集客実現までの先行投資
有償課金収入	有償サービスの魅力づくり

せようと無償サービスの範囲を限定しすぎると、十分に集客することができません。逆に、集客を重視して無償サービスを充実させすぎてしまうと、有償サービスを利用してもらえなくなります。このあたりのサジ加減は、難しいものがあります。

　chargifyという米国の請求書発行サービスのベンチャー企業では、ユーザーが無償サービスにとどまってしまい、有償サービス化が想定どおり進まず、事業として立ち行かなくなりました。そのため、再建後には無償・有償の区分をなくし、一律有償化しました[※21]。

　つまり、フリーミアムのビジネスモデルを構築する場合、「無償サービスだけでも使えなくはない」という前提のうえで、有償サービスにした場合の明確なメリットをつくり込んでおく必要があるということです。

課金するタイミングの全体像

　みなさんは商品やサービスに対する対価は、いつ支払っているでしょうか？
　必ずしも購買時に限らないはずです。課金するタイミングに変化を与えることによって、収益を上げやすくしたり、他社と差別化を図ったりすることが可能です。
　例えば、課金のタイミングは右ページ上の表のように整理することができます（クレジットカードでの支払いは金融サービスが関与しますので、ここでは除外しています）。
　通常の購買行動に対して課金するタイミングは、B領域のはずです。コンビニで買い物をすれば、その買い物をしたときにレジで支払う、映画館に行

●課金するタイミングの分類●

	前払	利用時	後払
イニシャル課金（導入時課金）	A領域：事前課金 ・一部の注文販売 ・一部のサービス	B領域：通常課金 ・通常の商品やサービスの現金販売	D領域：事後課金 ・掛販売 ・成果報酬型サービス
ランニング課金（利用期間内課金）		C領域：ランニング課金 ・月額固定課金サービス 　（例：各種会員サービス） ・製造業のサービス化モデル	

けば、その場で入場料を支払うなどです。

課金するタイミング①──事前課金

　一方、前払いの商品やサービスがあります。これが「**事前課金**」（A領域）です。

　例えば、電車やバスの定期券などです。3か月間や6か月間の乗車期間の前に代金を一括で支払う必要があります。

　また、英会話スクールやエステサロンなどでは、入会段階で30回、50回といった受講（利用）回数分を一括購入させる手法を採用しています。旅行会社なども、出発前に支払うという点では、これに近いでしょう。

　これは、必ずしもサービス業だけの課金方法ではありません。一部の製造業では、注文販売（受注生産）の形で事前課金を実現している企業もあります。例えば、デルのＰＣは、個人向け販売の場合、顧客からの代金の振込が確認された時点で生産に入るようになっており、事前入金による課金の形が基本的にとられています。

　事前課金は、キャッシュフロー上、事業者側にとっては最も有利なビジネスモデルです。これを実現するには、以下のいずれかの条件が必要です。

　第1は、事業者側が先行投資をしている場合です。公共交通機関は交通イ

ンフラとして先行投資されており、その利用が確実に履行できると考えられるので、前払いの定期券を購入するわけです。

第2は、割引のメリットを提示する場合です。都度購入（利用ごとの購入）よりも事前に一括購入したほうが割引率がよい、回数や期間が多いほど割引率が高くなるという仕組みにすることによって、割引のメリットを提示することが可能となります。英会話スクールやエステサロンなどが、これにあたります。また、定期券は、この条件にも該当します。

第3は、商品やサービス自体の限定性です。事前に支払わないと入手できないとなれば、ユーザーとしては支払うしかありません。デルのカスタマイズによる注文販売は、限定性があるといえます。

また、各種のセミナーやコンサートチケットの予約販売も該当します。Peatix（ピーティックス）などのモバイルサービスを通じてカード決済を促せば、ベンチャー企業でもセミナーやイベントの集客時に（事前に）課金することが簡単に実現できるようになりました。

新規事業の立ち上げでも、事前課金できるような商品やサービスに仕立て上げることができればベストです。

課金するタイミング②──ランニング課金

次は、利用期間内に継続的に課金していく「**ランニング課金**」です（C領域）。

例えば、ネットコンテンツやフィットネスクラブなどの会員サービスでの課金が挙げられます。事業者側にとっては、売上が会員数に比例して積み増されていき、月次で定額課金できるという安定感は大きなメリットです。

この課金方法を製造業に適用したのが、製造業の「**サービス化モデル**」です。一部の製造業では、製品を販売して終了というB領域のビジネスから、メンテナンスまでを含めて継続的に課金するC領域のビジネスに移行しつつあります。ＧＥのジェットエンジン事業などが、利用した分だけ課金する稼働課金型で展開していることで有名になりました。

また、ブリヂストンは、「エコバリューパック」と称して、これまでのタ

イヤを単品販売するだけではなく、リトレッドタイヤ（摩耗したタイヤの表面を削り、その上に新しいゴムを張り付けて再利用したタイヤ）の提供や、タイヤのメンテナンスを通して、タイヤの寿命を向上させるサービス化モデルを実現しています[※22]。

ほかにも、ボイラーの三浦工業は、機器販売は従来どおりの売切としたうえで、保守契約を有償化して着実に収益を上げてきました。サービス開始が1989年、こうした課金モデルが注目されるはるか以前から有償でメンテナンスを行なっており、いまでは売上の3分の1をメンテナンスによる収入が占めています[※23]。

こうした「ランニング課金」が増えた背景には、顧客への提供価値が、製品自体よりも製品を介したサービスの提供のほうに移行してきたことに起因します。従来の製品販売では一過性の取引で終了してしまう可能性がありますが、サービス化モデルで顧客との継続的な取引を行なうことによって、「顧客の囲い込み」にも寄与します。顧客生涯価値を考えるうえでも魅力的な課金モデルです。

既存製品にサービス化モデルを採用した場合、その採用前では製品の販売時に一括で全売上を計上していた（B領域）のに対して、利用時の課金に変わるため売上計上のタイミングが変わります。従来型の売切モデルを併用すると、事業間のバッティングも想定され、社内の反発を受けるケースがあることに留意する必要があります。

一方、新規事業を立ち上げる場合、そうしたしがらみがないため、ゼロベースで考えることができます。したがって、サービス化モデルを採用する価値は高いといえるでしょう。もちろん、キャッシュフローを考慮し、資金繰り計画を慎重に検討したうえで、採用を決めるべきなのはいうまでもありません。

課金するタイミング③――事後課金

商品やサービスの販売から課金までのタイムラグがある形態が、**「事後課金」**です（D領域）。従来からある「掛販売」は、その典型例です。ＢtoＢ事

業には多かれ少なかれ生じる形態であり、支払いのタイミングが後になればなるほど、顧客にはメリットがあり、事業者にはデメリットがあります。

特に、サービス事業において、その役務が完了しただけでなく、その効果が実現した場合にのみ課金するというのが、「成果報酬型課金モデル」です。不動産仲介、人材紹介、M＆Aなどのマッチングサービスでよく採用されます。

どんなに工数を費やしたとしても、相手とのマッチングが成立しなければ費用は発生しませんから、顧客側はリスクフリーになるため安心です。顧客側にとって最も有利な契約ということは、逆に事業者側にとってはキャッシュフロー上、最も不利な契約ということになります。

成果報酬型課金モデルを採用するには、成約率を客観的に見積もることから始めなければならないため、まったくの新規サービスには不向きです。逆に、ある程度知見のある既存サービスについて、課金方法を変更して成果報酬型課金モデルの新規事業を立ち上げるのは、効果的だといえるでしょう。

成果報酬型に準じつつ、顧客側のメリットと事業者側のメリットを両立しているのが、「返金保証型課金モデル」です。商品やサービスの効果にもし不満があったら返金してもらえるため、顧客側には一定の安心感がありますし、入金自体は事前にしてもらえるため、事業者側もキャッシュフロー上のメリットを享受できます。厳密な事後課金ではありませんが、顧客側と事業者側の両者のメリットを実現しているという点で、秀逸な課金モデルだといえます。

この返金保証型課金モデルは、購入前に商品が見えにくいネット通販や情報サービスなどのBtoCビジネスで多用されるようになってきました。例えば、ライザップは「30日間全額返金保証」をキャッチコピーとして、ダイエットだけでなく、英語やゴルフにも対象を広げています。

返金保証型課金モデルで注目すべきなのは、意外に返金率は低く、事業者側にダメージを与えることは少ないということです。商品やサービスの特性によってケースバイケースですが、課金モデルの設計さえ間違えなければ5％未満といわれています。その背景には、「条件面」と「心理面」の2つがあります。

返金保証をするには、それなりの条件を設定することになります。例えば、「返品期限」（○○日以内）や「履行条件」（事業者の指定方法で履行した場合に限る）、「処理手続」（返品理由を確認されるので、返品処理が面倒）、「返送方法」（自分ですべて梱包して手続きしなければならない）などで制約を設けるわけです。これらの制約が、顧客が実際に返品するという行動に向かうまでの歯止めとなります。

　心理面でもハードルがあります。返品する顧客は大なり小なり、「罪悪感」を抱くことになります。「これだけ使っておいて『カネ返せ』というのも悪いかな」という感情が芽生えるものです。

　また、「**保有効果**」という作用があります。どんなものでも、自分が一旦保有すると、愛着が生まれてくるということです。そもそも人間には、無意識に「いまの状態を変えたくない」「そのままでいたい」という、「**現状維持バイアス**」がかかります。こうした心理面からも、一旦購入したものをあえて返却するという行動には出にくくなるということがいえるのです。

　したがって、完全な成果報酬型課金モデルは難しいとしても、返金保証型課金モデルであれば、新規事業への採用は検討に値するものと考えられます。

●成果報酬型課金モデルと返金保証型課金モデルの比較●

	顧客メリット	事業者メリット
成果報酬（実際は事後課金）	○効果が実現してから支払えばいい	×効果が実現するまで入金されない
返金保証（実際は事前課金）	○不満ならば返金してもらえる	○事前に入金してもらえる

●なぜ、返品率は低いのか？●

セット課金①——フロントエンド＋バックエンド

なぜ、高級レストランがランチをやるのでしょうか？

もっと具体的にいえば、ディナーの客単価1万円のお店が、人件費や光熱費を考えた場合に、1,000円程度のランチを提供する必要があるのでしょうか？

その意味が、ここで説明する「**セット課金**」です。顧客が商品やサービスを購入する際の障壁を超えやすいように、段階的に購入をしてもらうための階段をつくる手法です。このセット課金の代表例としては、「**フロントエンド**」と「**バックエンド**」を組み合わせて販売し、課金を行なう方法があります。

まず、フロントエンドでは、顧客にとって購入しやすい安価な商品を目玉商品として提供します。小売業界では、「**ロスリーダー**（集客のために採算度外視で提供する目玉商品）」という表現がされることがあります。

こうして顧客の関心を高めて自社の商品やサービスになじんでもらったうえで、本当に売りたい高価格な商品やサービスを提供するというのが、バックエンドです。

先ほどの高級レストランの例では、ランチは販促手段としてのフロントエンドに該当します。普段は高級レストランに行かない顧客でも、手ごろな価格のランチならば、気軽に来店することができます。ランチでお店の雰囲気や味を試してもらって、ディナー目的の来店につなげるということです。

この手法は、従来から手を変え、品を変えて活用されてきました。例えば、スーパーの目玉商品や健康食品のお試しセットなどは、みなさんも何らかの形で購入したことがあるのではないでしょうか。

また、この手法は、ＢｔｏＣだけではなくＢｔｏＢにも活用できます。

例えば、システム開発会社がコンサルティングを安価で引き受けるなどです。彼らにとっては、本当の収益源（バックエンド）はシステム開発であって、そのフロントエンドとしてコンサルティングを実施するという二段階の課金モデルが採用されているわけです。ほかにも、産業機械の営業段階において、顧客の工場診断サービスを安価に実施するといった手法もよく見かけます。

さらに、フロントエンドを販促と割り切れば、「無料でもいい」という意

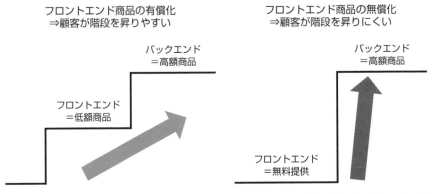

●フロントエンド+バックエンドの事例●

●フロントエンドの有償化VS無償化●

思決定もあり得ます。その場合、試供品の無料プレゼントや初回サービスの無償化という施策が出てきます。

しかし、無料サービスにした場合、事業者側が本当に売りたい本命のバックエンドの商品やサービスの販売がかえって難しくなるケースがあることに注意しなければいけません。

フロントエンドで少額でも有償になっていて、その対価を顧客が支払って

いれば、バックエンドの商品やサービスに対しても、顧客はあまり抵抗なく、対価を支払いやすくなります。

これに対して、フロントエンドの商品やサービスを無償とした場合、集客はしやすくなりますが、バックエンドの商品やサービスを有償で購入してくれる顧客になり得るかどうかは不透明です。フロントエンドによる集客数が多いわりに、その後のバックエンドの有償化へのハードルが高くなりすぎて離脱率が大きくなってしまうことがあるのです。販促手段とはいえ、安易な無償化は禁物です。

セット課金②——本体＋消耗品

先ほどの「フロントエンド＋バックエンド」は、「低額商品（サービス）＋高額商品（サービス）」という組み合わせでした。

次は、「**本体＋消耗品**」という組み合わせです。この課金モデルは、剃刀（かみそり）のジレット社（現在はP＆Gグループ）が始めたことに由来するため、「**ジレットモデル**」と呼ばれることがあります。本体（剃刀）は安く売り、使い捨ての消耗品（替刃）で儲ける手法です。

先ほどの「フロントエンド＋バックエンド」では、両者の提供価値は分離しており、顧客側はフロントエンドの低額な商品やサービスだけで満足し、その次の高額な商品やサービスに進まないという選択も可能です。

一方、「本体＋消耗品」では、両者が揃わないと機能しないように設計されています。剃刀（本体）における替刃（消耗品）のように、消耗品とはいえ、それが提供価値の主体となっているところが肝といえます。消耗品を定期的に買い続けない限り本体の価値が発揮されないため、消耗品の継続購買が期待できます。

他の成功例としては、複写機（複写機本体＋トナーカートリッジ）やネスプレッソ（コーヒーマシン本体＋カプセル）などが挙げられます。

「本体＋消耗品」という課金モデルは、両者が揃わないと提供価値が発揮できないように設計されており、顧客囲い込みも万全、死角のないモデルのように見えます。

●本体＋消耗品モデルの事例●

	本体	消耗品
電動歯ブラシ	本体	替えブラシ
複写機	本体	トナーカートリッジ
コーヒーマシン	本体	カプセル

●セット課金モデルの比較●

	第1段階	第2段階	両者の関係性
フロントエンド＋バックエンド	低額商品	高額商品	分離可能（フロントエンドだけで満足する可能性あり）
本体＋消耗品（ジレットモデル）	本体	消耗品	分離不可能（両者が揃わないと機能が発揮されない）

しかし、リスクもあります。それは、「消耗品規格の汎用化」です。

この課金モデルの場合、本体では利益を取らずに、消耗品の継続購買で収益を上げていくビジネスモデルです。この課金モデルの事業者としては、本体の開発の先行投資をしているだけに、純正消耗品を高粗利で販売せざるを得ません。しかし、消耗品の規格が汎用化されてしまうと、本体の開発に投資をしなかった消耗品供給プレイヤーが参入する場合、彼らは汎用化された消耗品を安く提供することが可能です。実際、家庭用プリンタなどでは、こうした問題が発生しています。

こうしたリスクを防止する有効手段としては、一義的には知的財産権の取得・行使ということになりますが、それだけでは完全にはプロテクトできず、消耗品の汎用化を防止することができません。

したがって、消耗品に関係するメンテナンス全般を取り込んでいくことが重要です。消耗品を単体で販売するのではなく、保守サービスを有償化していくなどが考えられます。

この点については、146ページで述べた「製造業のサービス化モデル」の方向性が1つの答えとして挙げられるでしょう。

4-7 ＸＹフーズのケース——戦略の策定

ここまでの流れ

　さて、ＸＹフーズでは、ここまで山本さんが上司の経営企画室長やコンサルタントの西沢さんと協議しながら、事業計画の策定を次のように進めていきました。改めて整理しておきます。

　同社は、食品卸を通して量販店やコンビニ向けに加工食品や菓子を販売しています。その意味で、法人市場を対象顧客としています。

　この点を踏まえ、今回の新規事業の開発では「オフィススナック販売サービス」という事業テーマに設定しました。

　このオフィススナック販売サービスは、事業所にスナックラックを設置しながらも、最終消費者に直接販売するというビジネスとなります。自社ブランドの商品を消費者に直接販売したいというのは、同社のかねてからの念願だったので、その第一歩といえるでしょう。法人市場から個人市場への市場再定義を行なったことになります。

　しかし、同じ商材であっても、法人向けビジネス（ＢｔｏＢ）と個人向けビジネス（ＢｔｏＣ）とでは、大きく事業特性が異なります。だからこそ、綿密な調査分析が必要なのです。

対象顧客と提供価値の設定

　ＸＹフーズでは、まず山本さんに近い中堅ビジネスパーソンをペルソナとして、次のように設定しました。

・太田一郎さん（33歳）、独身男性
・ＩＴ企業勤務、入社10年目

- 趣味は食べ歩き、フットサル
- 休日はフットサルにいそしんでいるが、普段は仕事柄運動不足になりがちで、最近、お腹まわりが気になり始めている

　この太田一郎さんというペルソナを想定しつつ、詳細な調査を試みました。調査会社に依頼するとコストがかかるので、山本さんの同僚、学生時代の友人や知人にそれぞれ集まってもらい、まずグループインタビューを実施しました。その後、それぞれ別会社に勤めている5名の友人や知人の事業所に訪問させてもらい、行動観察を試みました。

　その結果、下記のようなことが浮き彫りとなりました。

- 午前中からおやつを食べることは少ない。食べたくなるのは、午後3時以降。でも、朝食抜きで出社することが多いため、午前10時くらいでも少しお腹が空くことがある
- 小腹が空いたときに食べたいのは、必ずしも甘いものではない
- 会社のビルの1階にコンビニがあるが、エレベーターで1階まで降りるのが面倒なので、昼休みにコンビニでまとめ買いすることが多い
- そのまとめ買いで、買いすぎてしまい、太る原因になっている。本当はやめたい習慣だと思っている
- 買い置きしていないときは我慢する。ときどき、自分のデスクの近くで同僚がおやつを食べていると、うらやましく思うことがある
- タバコを吸わなくなってから、気分転換の場がなくなった。タバコを吸っているときは、喫煙スペースで普段、話をしない他部署の人と話す機会があってよかった
- 残業時に夜食をとるのは少数派。夜食を食べに行く時間があるなら、少しでも早く帰りたい。残業時は、コンビニに行く時間ももったいないので、お腹が空いても我慢する

　この行動観察から、ペルソナである太田一郎さんの顧客ニーズと提供価値をまとめたものが次ページの図です。

●「オフィススナック販売サービス」の顧客ニーズと提供価値●

顧客ニーズ	提供価値
「仕事の合間に小腹を満たしたい」 太田一郎さん（33歳） ・仕事に煮詰まったときにリフレッシュしたい ・軽く雑談できる交流の場がほしい ・買いに行く手間はかけたくない ・健康的にお腹を満たしたい	「オフィスに新たな憩いの場を提供する」 オフィススナック販売サービス ・健康志向の軽食・サプリを各フロアのラックに常備 ・自席に持ち帰ってもよいし、その場で食べることもできるオフィスサービス ・健康情報をちょっとした小ネタとして提供

「仕事の合間に小腹を満たしたい」という表層的ニーズをさらにブレイクダウンしていきましょう。まず、ビル内にあるコンビニに行くのも面倒という人々のニーズをとらえることが大切です。そして、食べることで健康的になれるという利得も重要です。さらに、リフレッシュ効果だけでなく、「その場で軽く歓談できる」というようなメンタル面のニーズも見逃せません。

これを踏まえて、オフィススナック販売サービスの提供価値を考えました。提供価値は「オフィスに新たな憩いの場を提供する」としました。タバコ離れが進み、喫煙スペースでのちょっとした雑談が消えつつあります。昔であれば、ふだん仕事でのつながりがないような人同士でも、喫煙スペースで顔を合わせることで交流が生まれ、思いもよらない展開で仕事が進むといったこともありました。こうした場を健康的な形で復活させることを提供価値と考えたのです。物理的に空腹を満たすというだけでなく、社内コミュニティの場づくりにも寄与できると考えました。

商品ラインナップは、当初の事業テーマとしては「オフィススナック」ということでスイーツ類を中心に考えていましたが、調査結果から、健康的な軽食が求められていることが判明したので再検討しました。雑談の小ネタとして活用してもらえればということで、健康情報の提供も考えました。

販売チャネルの設定

次に、販売チャネルを検討しました。
商品の骨子は、次のように設定しました。

・健康志向軽食
・栄養機能食品、エナジードリンク、野菜ジュースなどもラインナップとする

しかし、年商100億円規模のＸＹフーズの商品ラインナップでは、上記の条件を満たせそうにありません。そこで、山本さんらが出した結論は、「自社製品にはこだわらない」ということです。

販売チャネルも「購買代理型」に徹し、積極的に同業他社商品を揃えることにしました。自社商品のラインナップの狭さを逆手にとり、逆転の発想でそれをチャンスととらえました。つまり、商品は同業他社から取り揃え、自社は流通をメインに行なうということです。この点については、同社の製造部門を中心に社内で反対意見が予想されましたが、アスクルの事例などを挙

●既存事業の販売チャネルと新規事業の販売チャネル●

従来

```
┌─────┐ ┌─────┐ ┌──────┐
│ A社  │ │ B社  │ │XYフーズ│
└─────┘ └─────┘ └──────┘
   ╲╳╳╱
┌─────┐ ┌─────┐ ┌──────┐
│ネット│ │量販店│ │コンビニ│
└─────┘ └─────┘ └──────┘
       ╲   │   ╱
      ┌──────────┐
      │オフィスワーカー│
      └──────────┘
```

購買代理モデル

```
┌─────┐ ┌─────┐ ┌──────┐
│ A社  │ │ B社  │ │XYフーズ│
└─────┘ └─────┘ └──────┘
       ╲   │   ╱
   ┌────────────────┐
   │  XYフーズ社による   │
   │「オフィススナック販売サービス」│
   └────────────────┘
          │
      ┌──────────┐
      │オフィスワーカー│
      └──────────┘
```

げながら説明することにしました。

　また、顧客に「定期的に巡回して商品を補充する」というメンテナンスの方向性を決めたので、これはヒト（マンパワー）に頼るしかありません。そこで、パート社員によるルートセールス部隊を構築することにしました。ただし、単なる補充要員とはせず、顧客となる事業所の現場社員との関係基盤を構築してもらうことをめざします。

　さらに、将来的にはアプリ開発も行ない、健康に関する情報と連動させながら、課金もできるような仕掛けを検討することにしました。

プロモーションの設定

　前述したネスレ日本の「ネスカフェアンバサダー」では、職場の中で協力に同意してくれた人に取りまとめ役をお願いして、コーヒーマシンを無料で提供するという仕組みでしたが、知名度のないＸＹフーズの場合は、それは望めそうにありません。

　そこで、プロモーションにおける顧客との「初期接点」としては、各事業所の総務部門に対して地道にアプローチすることを検討しました。しかし、いままで、そのようなチャネルをもたない同社がゼロからアプローチするのは難しいため、各事業所の総務部門との取引が多い福利厚生アウトソーシング事業者と提携することを考えました。

　実際にオフィススナック販売サービスの導入を検討してくれる事業所に対しては、自社のルートセールス部隊がプロモーションを行ないます。

　つまり、「購買接点」「継続接点」の点で、ルートセールス部隊を担う現場の社員はきわめて重要な存在となります。現場に権限委譲し、顧客との関係性（リレーション）づくりに貢献してもらう必要があります。

　また、社員へのホスピタリティの教育に十分な時間とコストをかけることも想定する必要があります。

　さらに、現場の社員が中心となって、各事業所に対してＳＮＳなどを活用して、こまめに情報発信を行なうことも検討する必要があります。

課金モデルの設定

課金モデルとしては、次のような4つの案が出ました。

A案【定価販売・通常課金】：購買客個人に対して購入の都度、課金する
B案【フリーミアムの応用】：同業の食品メーカーに注力商品をサンプル提供させ、顧客へは無料提供する
（同業メーカーからの販促収入を売上とする）
C案【ランニング課金の応用】：社員への福利厚生支援という名目で、法人（事業所）に課金する
D案【ランニング課金の応用】：スマホアプリと連動、健康データ・運動データなどに基づいて健康支援サービス全般を実施。
食品単体ではなく、サービス全般に課金する

C案は、このサービス（オフィススナック販売サービス）を利用する社員への負担がなく魅力的でしたが、ただでさえ難しいと思われる事業所への導入ハードルがさらに高くなると予測し、課金モデルの候補から除外しました。

D案も、新規事業として魅力的でしたが、アプリ開発には時間とコストを要するので、次のステップと考えました。

そこで、A案の課金モデルを基本としながらも、同業食品メーカーのキャンペーンと連動して、各社からの注力商品投入時には、サンプル品を提供させ、顧客（利用者）に無料提供する、というB案も取り入れることにしました。

つまり、A案とB案の折衷案を、「オフィススナック販売サービス」の課金モデルとして設定しました。

第5章

ビジネスモデルを思考する②
──体制を整備する

5-1 戦略を「絵に描いた餅」にしないために

　山本さんはＸＹフーズの経営陣に対して、前章で検討した戦略についてプレゼンを実施しました。かなり具体的なレベルまで提示したため、了承されました。

　次は、いよいよ事業推進体制の整備について検討していくことになります。

山本さん
　戦略面で了解をもらえたので、ほっとしています。「実際、どうやって実行するんだ？」という経営陣からの質問は想定どおりでしたけどね（笑）。

西沢さん
　よかったですね。やはり、こまめに経営陣に付議してきたのが功を奏していると思いますよ。

　ときどき、他の会社へのコンサルティング時に遭遇する失敗例が、事業計画書をバッチリつくり込んでから、初めて役員会にかけるというパターンですね。新規事業開発担当者側としては、突っ込まれないように、事業計画書をつくり込んでから上げたいという気持ちになるのはわかるのですが、結局、逆効果になってしまう場合がほとんどです。

　新規事業は、どの会社でも経営陣のほとんどが未経験の分野になるので、慎重に検討を重ねることになります。いきなり、事業計画書の完成版を見せつけられても、「聞いてないぞ！」と、経営陣は簡単には納得しないものです。

　そのため、私がお勧めしているのは、「スモールステップ」で適宜報告していく方法です。事業計画を完成させる前に数回報告し、その際に経営陣からコメントをもらうようにします。そうすれば、各コメントに対する微修正が必要にはなりますが、経営陣

の意向を事業計画に落とし込めるので、後になって差し戻しになる事態を避けることができます。「急がば回れ」ですね。

アドバイスいただいてよかったです。さて、これからは「体制の整備」ですね。

そうですね。これまでの「戦略」は、どちらかといえば、「社外」、つまり顧客に対して、どのように価値を提供していくかという観点で考えてきましたよね。

これから考えていくべき「体制」は、外からは見えない「社内」の仕組みをどう構築していくかです。一見、地味な作業のように思われるかもしれませんが、新規事業の立ち上げでは避けては通れないものです。どんなに優れた戦略を立てても、実行できなければ「絵に描いた餅」ですからね。

本章では、事業の推進体制をどのように整備していくのかについて、次の4つの観点から解説していきます。

(1) バリューチェーンの設計
(2) パートナーの選定
(3) 組織体制の構築
(4) 人材マネジメント

●ビジネスモデルの「戦略」と「体制」の関係●

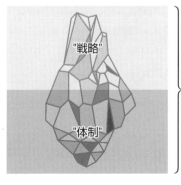

5-2 バリューチェーンの設計

内製か外注か

　前章では、戦略について考えてきました。しかし、どんなに優れた戦略を立てても、実行できなければ「絵に描いた餅」となってしまいます。

　そこで必要になるのは、戦略を実行するための仕組みです。社外からは見えない「社内」の仕組みをどう構築していくか、を検討する必要があります。地味な検討作業だと思われるかもしれませんが、新規事業を立ち上げるためには避けては通れないものです。

　まず、検討しなければならないのは、「**バリューチェーンの設計**」です。バリューチェーンとは事業の流れのことですが、新規事業の戦略と自社の企業活動とをどのように整合させるか、これは新規事業開発担当者の腕の見せどころです。

　ここで論点となるのが、「**内製か外注か**」です。

　調達戦略の領域で従来からよく使われるフレーズとして、「Make-or-Buy Decision（メイク・オア・バイ・ディシジョン）」があります。

　完成品を組み立てるセットメーカーにとって、部材を自社で製造するのか、外部から購入するのかについての意思決定をするということです。

●バリューチェーンの設計の一例●

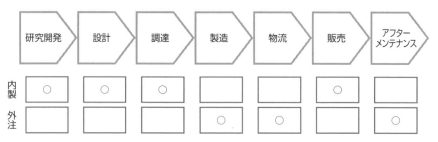

●「内製－外注」の選択によるバリューチェーン設計モデル●

Aパターン　垂直統合型

	開発	製造	販売
内製	○	○	○
外注			

Bパターン　販売委託型

	開発	製造	販売
内製	○	○	
外注			○

Cパターン　ファブレス型

	開発	製造	販売
内製	○		○
外注		○	

Dパターン　研究開発特化型

	開発	製造	販売
内製	○		
外注		○	○

Eパターン　開発委託型

	開発	製造	販売
内製		○	○
外注	○		

Fパターン　製造受託型

	開発	製造	販売
内製		○	
外注	○		○

Gパターン　流通特化型

	開発	製造	販売
内製			○
外注	○	○	

Hパターン　プロデューサー型

	開発	製造	販売
内製			
外注	○	○	○

第5章　ビジネスモデルを思考する②――体制を整備する

品質、コスト、納期を勘案するだけでなく、自社の「**コアコンピタンス（企業の中核となる強み）**」や「取引先との交渉力」を考慮しながら、「内製か外注か」を意思決定することになります。

バリューチェーンの設計でも、同様の考え方が必要です。原材料の調達だけでなく、「研究開発は自社か外部委託か」「製造は自社か外部委託か」「販売は自社か外部委託か」というように、それぞれの機能ごとに選択肢があるため、それらの組み合わせは多様です。

では、それらの組み合わせを体系的に整理してみましょう。すべての機能について網羅するのは難しいので、「開発」「製造」「販売」の3つの機能に絞って考えることにします。日本を代表するプロの経営者として有名な三枝匡氏も指摘するように、「創って、作って、売る」の3つの要素が、事業の根幹だからです。

「開発」「製造」「販売」で内製か外注かを考える場合、前ページの図に示したように、2×2×2で8通りの**バリューチェーン・モデル**ができます。

実際に、バリューチェーンをどのように設計するかは、自社の強みがどこにあるかによります。したがって、以下では、自社のコアコンピタンスを見極めて、開発を起点にする場合、製造を起点にする場合、販売を起点にする場合の3つに分けて、それぞれ説明していきます。

開発を起点にする場合

研究開発機能（研究開発力）に強みをもち、その強みを起点にして新規事業を立ち上げる場合は、次の4パターンのバリューチェーン・モデルが考えられます。

・研究開発特化型（Dパターン）
・ファブレス型（Cパターン）
・販売委託型（Bパターン）
・垂直統合型（Aパターン）

● 研究開発特化型

　研究開発特化型とは、自社の強みである開発機能に特化し、製造や販売を外部に委託するバリューチェーン・モデルです。研究開発型ベンチャーに典型的に見られるモデルですが、既存企業においても、自社の既存事業における製造ラインや販売チャネルがそのまま適用できない場合には、このモデルを選択するのが現実的だといえます。

　このモデルを選択するときの留意点は次の２点です。

　まず、製造を外部に委託する際に、技術の流出を防止することです。このモデルを選択する場合、それ相応の新規性の高い技術開発が前提となるはずです。ケースバイケースですが、知的財産権でプロテクトできる範囲には限界があるため、製造委託時には特に留意する必要があります。

　自社で製造企画・設計までを実施し、さらに製造の各工程にまで踏み込んで製造委託先をコントロールしたり、１社に依存することなく、あえて工程を分けて複数の企業に発注したりするなどが考えられます。もし、１社に依存しなければいけない場合は、事業が軌道に乗った後に、委託先との資本提携（少数出資で構いません）を検討してもよいでしょう。

　もう１つの留意点は、販売委託先との役割分担です。販売を外部に委託する場合によく発生するトラブルは、「委託先が積極的に売ってくれない」というものです。自社の専売代理店でない限り、委託先である代理店や商社は多数の商材を取り扱っているのが通例なので、自社商品の販売だけに注力してくれるわけではありません。

　委託先との契約次第ですが、自社で直販するかのように積極的に関与したほうが、拡販の成功確率は高まります。ただし、実際に受注段階になったら販売委託先に任せて、しっかり彼らに利益を落としてもらう形をとるのがよいでしょう。このようなメリハリをつけないと、委託先とWin-Winの関係を構築することはできません。

　販売委託しても、委託先に丸投げするのではなく、あくまでも顧客を紹介してもらうだけで、「実際に売るのは自分たちの会社」というくらいのスタンスのほうが、売上の拡大に結びつくはずです。

　また、特に技術優位性のある商品やサービスの販売を外部に委託する場合、

第5章　ビジネスモデルを思考する②──体制を整備する

●研究開発特化型の留意点●

対製造委託先：技術流出防止	対販売委託先：役割分担による拡販実現
・企画設計からのコントロール ・複数発注 ・出資の検討	・委託先：顧客候補先開拓および受注活動 ・自社　：技術サポートへの主体的関与

　技術サポートについては、自社が直接顧客に実施することが必要になります。販売委託先に期待するのは、顧客候補先の開拓であって、それ以降の商品やサービスのプレゼンや実証実験といった技術サポートは、自社が主体的に関与していく必要があります。

●ファブレス型

　ファブレス型とは、研究開発と販売は自社で内製化し、製造のみ外部に委託するというバリューチェーン・モデルです。販売機能も自社が保有するため、前述の研究開発特化型に比べて、コストの負担も大きくなりますが、自社が直接的に顧客との接点をもつことになるため、マーケット情報が開発に還流しやすくなるという利点があります。

　なお、製造委託先との関係性は、研究開発特化型と同様です。

●販売委託型

　販売委託型とは、研究開発から製造までを自社で内製化し、販売のみ外部に委託するというバリューチェーン・モデルです。既存事業の製造ラインが新商品の製造に活用可能であれば、このモデルを選択することができます。技術を形にするところまで自社で一貫して行なうため、技術が外部に流出するリスクを最小化することができます。そのため、販売委託先との関係性の構築に留意するだけで済みます。

●垂直統合型

　垂直統合型とは、研究開発から製造、販売までのすべてを内製化するとい

うバリューチェーン・モデルです。このモデルは、相当の固定費がかかるため、既存事業から経営資源（ヒト、モノ、技術など）を転用できない場合は、慎重な対応が必要です。

製造を起点にする場合

製造機能（ものづくり）に強みをもち、その強みを起点にして新規事業を立ち上げる場合は、次の4パターンのバリューチェーン・モデルが考えられます。

・製造受託型（Fパターン）
・開発委託型（Eパターン）
・販売委託型（Bパターン）
・垂直統合型（Aパターン）

なお、販売委託型と垂直統合型は、前項の「開発を起点にする場合」で説明しましたので、以下では残りの2パターンについて説明します。

● 製造受託型

製造受託型とは、製造のみを自社で内製し、開発も販売も外部に委託するというバリューチェーン・モデルで、厳密にはさらに2つのモデルに分類されます。

1つめのパターンは、自社が製造に徹する**OEM**（Original Equipment Manufacturer〔Manufacturing〕：相手先ブランド商品の製造）受託製造事業として、新規事業を立ち上げるモデルです。

OEM受託というと、下請のようなイメージをもたれるかもしれませんが、必ずしも自社ブランドの商品を立ち上げることだけが新規事業ではありません。

もし、自社の製造機能（製造技術力）に優位性がある、製造のキャパシティに余裕があるということであれば、大きな追加投資をしなくても取り組む

ことが可能な事業といえるでしょう。

　例えば、電気・電子業界の場合はＥＭＳ（Electronics Manufacturing Service：電子機器製造受託サービス）、半導体業界の場合はファウンドリ（Foundry：半導体製造受託）、さらに医薬業界の場合はＣＭＯ（Contract Manufacturing Organization：医薬品製造受託機関）というように、各業界で水平分業が進展し、製造受託事業が確立しています。

　ＥＭＳ業界からは台湾のホンハイのようなグローバル企業が誕生し、日本でもシークスやユー・エム・シー・エレクトロニクスなど、上場企業として成長している企業も存在します。製造機能だけを受託するＯＥＭだけでなく、設計機能までも受託するＯＤＭ（Original Design Manufacturing）という業態もあり、多様な形態の受託方法を選択することができます。

　製造受託型の２つめのパターンは、あくまで自社ブランドメーカーとして、製造機能のみを内製化するというモデルです。

● 開発委託型

　開発委託型とは、自社で製造・販売を内製化し、開発を外部に委託するというバリューチェーン・モデルです。自社で商品コンセプト（企画）までを検討したうえで、実際の開発は外部機関や研究開発型ベンチャーに委託します。

　例えば、アメリカのコンピュータネットワーク機器開発会社であるシスコシステムズの開発方針は、「Ｒ＆Ｄ（Research and Development：研究と開発）」ではなく、「Ａ＆Ｄ（Acquisition and Development：買収と開発）」となっていることで有名です。つまり、時間のかかる基礎研究は自社で行なわずに、積極的に技術や会社を買収することによって、外部から技術やヒトなどの資源を取り込むという考え方です。実際に買収を実施するか否かは別ですが、外部の技術などを積極的に取り入れていく姿勢は学ぶべきでしょう。

　日本でも近年、「オープンイノベーション」が注目されています。外部の企業や団体、個人などが保有する技術やアイデアを自社の中に取り込んでイノベーションを起こすことが期待されているのです。

　こうした背景には、特に大手企業における自社の研究開発や商品開発の手詰まり感があります。「自社だけではイノベーションが起こせない」「何か斬

● **国内企業のオープンイノベーションの成功事例** ●

企業名	主要な取り組み	企業名	主要な取り組み
大阪ガス	・オープンイノベーション室の設置 ・技術探索のためのマッチング活動 ・社外ネットワーク網を事業に活用	ソフトバンク	・革新的なソリューション・技術を国内外から募集し、パートナーとして共同で事業化・商用化を目指す「Softbank Innovation Program」を開始
オリンパス	・オリンパスの技術をオープンにする「オープンプラットフォームカメラ（OPC）Hack & Project」 ・開発段階からユーザやデベロッパを取り込み、ファンコミュニティを形成	東京急行鉄道	・大企業間の異業種連携、産学連携を推進する「クリエイティブ・シティ・コンソーシアム」 ・アーリーステージのベンチャー向けアクセラレーションプログラム「東急アクセラレートプログラム」を運営 ・新規事業に挑戦する企業風土を醸成するための社内起業家育成制度の設置
KDDI	・シード段階ベンチャーを対象としたアクセラレータープログラム「KDDI∞Labo」 ・アーリー・ミドルステージ向けのマイノリティ出資を行う「KDDI Open Innovation Fund」 ・KDDIの中核事業とシナジーの高い企業に対しては、本社で資本・業務提携や買収を実施	東レ	・オープンとクローズドにする領域の明確化 ・技術探索のための仲介業者の活用、サプライチェーンを巻き込んだOI、OI拠点の設置
小松製作所	・産産・産学の外部連携強化のため、CTO（Chief Technology Officer）室を設置 ・CTO室を通じて国内外の最新技術やベンチャー動向を収集し、自社の既存技術と迅速に融合 ・目利きでき、社内ネットワークを有するなど適切な人材をCTO室にアサイン	トヨタ自動車	・OIで持続可能な社会の実現に向けた「トヨタ環境チャレンジ2050」 ・知能化技術、ロボティクス、水素社会実現に資する技術に投資・育成する「未来創生ファンド」 ・OIの推進部署の新設（「未来創生センター」）
セコム	・オープンイノベーション推進担当の設置 ・外部連携に関する情報の一元集約化、OIに関して部門横断的な取り組みの加速	ニトリ	・自社に足りないものは、異業種である自動車メーカーの手法を外部より積極的に取り込み
		富士フイルム	・自社技術の棚卸しとコア技術の明確化 ・Open Innovation Hubを日米欧に展開、コア技術と社外ニーズ・技術との共創によるOI創出

（出所） オープンイノベーション協議会（JOIC）「オープンイノベーション白書（初版）」2016年7月

第5章 ビジネスモデルを思考する②――体制を整備する

新なアイデアはないか」という問題意識から、外部に目を向け出したというわけです。さまざまな業界で、いわゆる「アイデアソン（アイデアとマラソンをかけ合わせた造語）」「ハッカソン（ハックとマラソンをかけ合わせた造語）」の類が実施されるようになりました。その意味では、外部の技術やア

イデアを採用することについて、ハードルはかなり低くなったといえるでしょう。

ただし、最近の「オープンイノベーション」の実態は、従来の「自前主義」の振り子が逆に振れた形のものが多く、一種の「ブーム」のようにも見えます。

日本企業は自前主義が強すぎるという批判から、官民あげてオープンイノベーションに取り組んできたのは、決して悪いことではありません。しかし、「早く外部を取り込まなければ」との思いによる動きが、付和雷同的に見受けられるのです。

外部をとにかく取り込めばイノベーションが起こせるわけではありません。成功企業を見ると、まずは自社としてのビジョンや世界観のようなものがしっかり確立されていて、初めて外部とのコラボレーションが活きてくるのです。

販売を起点にする場合

販売系企業や流通系企業の場合は、販売機能（販売力）を起点にして新規事業を考えることになるでしょう。そのときには、次の4パターンのモデルが考えられます。市場情報を握っている販売系・流通系企業の場合は、企画開発と親和性が高くなります。なお、開発委託型と垂直統合型は、「開発を起点にする場合」あるいは「製造を起点にする場合」で説明しましたので、ここでの説明は省略します。

・流通特化型（Gパターン）
・開発委託型（Eパターン）
・ファブレス型（Cパターン）
・垂直統合型（Aパターン）

● **流通特化型**
流通特化型とは、自社の強みである販売・流通機能に特化し、企画開発や

製造を外部に委託するバリューチェーン・モデルです。販売・流通系の企業が、新商材を探索してそれを事業化するケースが典型例です。

また、流通特化型としては、積極的にバリューチェーンの上流工程、つまり開発・製造をコントロールしようとすることもあります。それは、開発や製造を外部に委託しつつ、自社ブランドの商品を展開するＰＢ（Private Brand）です。例えば、スーパーやコンビニの食品や日用雑貨では、ＰＢはすっかり定着しています。

ＰＢは、ＮＢ（National Brand）よりも安価が売りですが、セブンプレミアムのように、高品質を売りにするＰＢも登場し、多様化が進んでいます。

● ファブレス型

販売を起点にしたバリューチェーン・モデルとしては、製造のみ外部に委託して、企画開発と販売を内製化するファブレス型があります。前述の「開発を起点にする場合」のところで説明したファブレス型は、川上の技術シーズから展開するファブレスでしたが、ここでのファブレスはその逆で、川下の市場ニーズから展開するモデルです。

このファブレス型を消費財に適用した代表例が、ＳＰＡ（Speciality store retailer of private label apparel：製造小売業）です。小売が起点となって、開発、製造、物流などのバリューチェーンを自社でコントロールしようとする製販統合モデルです。

ＳＰＡは米国のＧＡＰが生み出したモデルで、元来はアパレル事業者特有の手法といえるものでしたが、日本でもユニクロ、無印良品、ニトリ、ＪＩＮＳなど、多くの専門小売企業で採用されています。ＳＰＡの場合は、バリューチェーン全体をコントロールしているといっても、製造は協力工場に委託するケースが大半ですので、ファブレス型に分類されるのです。

一方、生産財では、卸を起点としたファブレス型が見られます。商社などが主体となって、顧客向けにカスタマイズが必要な商品に対して自社開発を進めていくというパターンです。半導体商社などで、このパターンが採用されています。

5-3 パートナーの選定

どこと組むか？

前節で説明したバリューチェーンの設計によって基本モデルが完成したら、次にコラボレーションする相手（パートナー）を決めることになります。

どんな事業者であっても、すべての機能を自前でやり切れることは稀です。たとえ垂直統合モデルといわれるモデルでも、原材料の仕入やプロモーションの支援など、さまざまな形でパートナーが必要になります。

特に、新規事業を立ち上げるのであれば、なおさらです。

同じ事業をやるとしても、どのパートナーと組むかが成否を左右することになるといっても過言ではないでしょう。

まず、パートナーとしてすぐに思いつくのは、既存事業における取引先です。原材料やキーデバイスの供給業者、ITシステムベンダー、販売代理店といったプレイヤーです。もともと気心が知れている取引先がそのまま新規事業でも活用できるのであれば、それに越したことはありません。

しかし、先行参入企業が想定しなかったような事業者と組むことができれば、コスト構造に革新を起こしたり、参入を加速させたりして、新たな勝ちパターンをつくることができる可能性があります。

そのためには、自社なりの知見と創意工夫が必要になるわけですが、次の2つの視点でアイデアを発想していくことをお勧めします。

・潜在的に「競合する業者」と組んで参入を加速できないか？
・「異業種の業者」と組んで新たな勝ちパターンができないか？

「競合する業者」と組んで参入を加速できないか？

　まず考えるべきは、新規に参入しようとする業界で、すでに事業展開しているプレイヤーとの提携です。つまり、パートナー候補として、今後参入しようとする業界での「競合」に目を向けるということです。

　特に、自社が後発参入となる場合には、「利用できるものは競合でも利用する」という発想は大切です。先行して参入している企業は、同じ事業を展開するうえで必要な経営資源をすでに保有しているはずなので、参入を加速させるためには有効策といえます。

　例えば、次のような3つのパターンが考えられます。

　第1は、**海外企業との提携**です。海外展開を行なううえで現地の同業者と提携するというのは、常套手段です。

　第2は、**ベンチャー企業との提携**です。自社が参入予定の業界で先進的な取り組みを行なっているベンチャーと組むというものです。

　例えば、ＫＤＤＩは、医療介護用のＳＮＳ「メディカルケアステーション（ＭＣＳ）」を運営する日本エンブレースと資本業務提携したり（2018年3月）、自動運転ベンチャーのティアフォーと資本業務提携（2018年3月）したりするなど、成長分野へ参入するためにベンチャーとの提携を加速させています。また、ＫＤＤＩは、ベンチャーとの提携だけでなく、英会話教室運営大手のイーオンホールディングスを買収して、教育業界への参入もめざしています（2018年1月）[※1]。

　第3は、**同レベルの競合との提携**です。あえて自社と同じようなレベルの企業と組むということです。例えば、技術の進化が激しいＡＩ分野では、日常茶飯事にこうした提携が進んでおり、マイクロソフトとアマゾンはＡＩ音声アシスタントの分野で提携しています（2017年8月発表）。

　周知のとおり、マイクロソフトには「Cortana」、アマゾンには「Alexa」という音声アシスタントがありますが、それぞれ得意分野が異なるので、この提携によって相互に補完性があるとの見方がされています。

　また、ＡＩ開発者向けのオープンソースプロジェクト「ＯＮＮＸ（Open Neural Network Exchange）」では、マイクロソフトとフェイスブックが提

携をしています（2017年9月発表）^{（※2）}。

こうした競合との提携には、Win-Winの関係性構築が前提となります。つまり、資金、技術、販売チャネルなど、相手にとっても自社と組むメリットがあることが必要で、提携の話をもちかける前に、どのようにして相手との関係性を構築していくかを検討しておかなければなりません。

異業種と組んで「ラストワンマイル」を埋められないか？

バリューチェーンを構築していく中で、自社が保有していない機能について異業種と組む、例えば物流機能について宅配事業者と組んだり、販売機能について商社と組んだりするのは、従来から当たり前のように行なわれてきました。

そもそも、環境変化の激しい現状では、業種の垣根を乗り越えなければ何もできません。グーグルやアマゾンの例を挙げるまでもなく、異業種間の連携によって「エコシステム（複数の企業が業界の垣根を越えて有機的に結びついて共存共栄していく仕組み）」を構築する競争となっています。つまり、どれだけ異業種とコラボレーションできるかという戦いだといっても過言ではありません。

極論すれば、自社以外のすべての企業がパートナー候補先であるわけです。そして、いままでの常識では思いつかないような相手と組むことによって、新たな勝ちパターンをつくることができるかが問われているのです。

そういった意味では、提携する可能性のある相手は無数にありますが、新規事業を立ち上げる際に、特に重要だと筆者が考えるキーワードが、「**ラストワンマイル**」です。

ラストワンマイルとは、もともと通信業界で使われていた言葉で、事業者がエンドユーザー（最終消費者）にリーチする最後の区間ということです。どんな事業においても、「最終的に、エンドユーザーに、どのようにリーチするか」が事業の成否を決めることになります。多くの新規事業が立ち行かなくなる原因は、要するに売上が思うように上がらないことにあります。どんなに"よい商品"であっても、エンドユーザーに届けられなければ、売上

◉「ラストワンマイル」にリーチするプレイヤーは誰か？◉

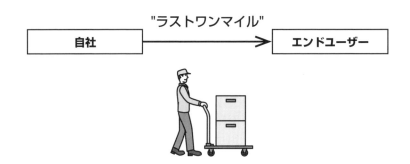

は上がらず、事業は失敗してしまうのです。

この「ラストワンマイル」という最後のピースを埋めるために、異業種の活用に知恵を絞ることは必要です。

● ワイヤレスゲートのケース

例えば、通信ベンチャー企業のワイヤレスゲートが成功した要因として、「ラストワンマイル」を埋める異業種事業者との提携が挙げられます。

ワイヤレスゲートは、ワイヤレスブロードバンドサービスのベンチャーとして2004年に設立され、2012年にはマザーズ上場、2014年には東証一部上場を果たし、急成長を遂げています。

そんな同社も、他の多くのベンチャー企業と同様に、設立当初はエンドユーザーの獲得に苦労します。知名度のないベンチャーにとってネックとなるのが、エンドユーザーへとリーチする方法だからです。

そこで、同社はヨドバシカメラとの業務提携を行ないます。2007年12月に、ヨドバシカメラとの提携により月額380円の「ワイヤレスゲート ヨドバシオリジナルプラン」というサービスを開始して以降、契約数は急伸します[※3]。

同社にとって不足していたリアル業態での顧客接点を、ヨドバシカメラのリアル店舗を通して確保することができたのです。

●ワイヤレスゲートのビジネスモデル●

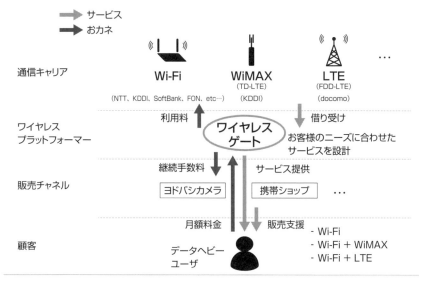

(出所) ワイヤレスゲートのIR資料

●ワイヤレスゲートの契約数の推移●

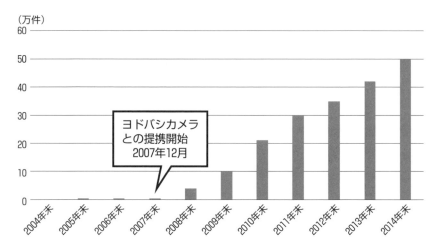

(出所) ワイヤレスゲートのIR資料などの公開資料をもとに筆者作成

● **オイシックスのケース**

　野菜宅配ベンチャーとして有名になったオイシックス（現オイシックス・ラ・大地）の成功要因も、「ラストワンマイル」にあります。

　オイシックスは、2000年に設立され、2013年にはマザーズ上場を果たしています。

　同社の創業当初の課題は、想定していた対象顧客であるシニア層へのリーチでした。まだ当時のシニア層はネット使用率が低く、同社のＥＣサイト「Oisix（おいしっくす）」によるリーチは難しいと判断され、オフラインによる「ラストワンマイル」を模索していました。

　そこで、白羽の矢が立ったのが、牛乳宅配業者でした。日本全国にある中小零細の牛乳宅配業者をパートナーとしてシニア層への販売・物流網を構築したのです。彼らとの提携には、3つのメリットがありました。

　1つめは、**顧客との親和性**です。オイシックスがターゲットとした健康志向の強いシニア層は、宅配契約をして牛乳を飲むことが多く、そのような顧客を牛乳宅配業者は固定客として保有していました。つまり、オイシックスと牛乳宅配業者の提携には、対象顧客に関して親和性があったのです。

　2つめは、**ビジネス上の補完性**です。牛乳宅配業者は定期便で牛乳などをルート配送しているので、野菜を配達する頻度にマッチします。また、受注も集金も彼らが対応してくれます。したがって、物流から販売、フォローまでを任せることができたのです。

　3つめは、**投資が不要**であることです。牛乳宅配事業者は、もともと冷蔵設備を保有しているため、設備投資を追加しなくても野菜を混載することができました。つまり、牛乳宅配事業者にとっては、従来の業務範囲内で野菜を取り扱うことが可能なため、さらなる投資の負担をすることなく、売上を拡大できるチャンスとなりました。オイシックスにとっても、委託が低コストで実現できました。

　その後オイシックスは、ＥＣ（Ｅコマース、電子商取引）の進展によって2013年には牛乳宅配業者を介した事業は廃止しますが、創業当初の成長を支えた要因の1つが牛乳宅配業者であったことは、間違いありません。

● トレジャー・ファクトリーのケース

　このオイシックスを異業種の「ラストワンマイル」と考えて活用したのが、トレジャー・ファクトリーです。

　トレジャー・ファクトリーは、1995年に設立されたリサイクルショップで、2007年にはマザーズ上場、2014年には東証一部上場を果たしています。

　同社のようなリサイクル事業者にとっては、どれだけ買取をすることができるかが事業の肝です。各家庭にリーチするために「ラストワンマイル」を埋めて買取網を構築することが、同社の課題だったのです。

　そこで、同社が提携したのが、異業種のオイシックスでした。2008年4月にオイシックスの顧客向けに「宅配買取サービス」を開始したのです。具体的には、オイシックスに食品配送時のダンボールを宅配買取のために再利用してもらい、その際の買取額を5％から10％アップするというものです。

　トレジャー・ファクトリーにとっては買取数の拡大につながりますし、オイシックスにとっては不要な段ボールを再利用でき、「環境にやさしい活動」としてアピールできるという、両者のメリットがあったのです(※4)。

　このように、異業種の事業者と組んで「ラストワンマイル」を埋めることができれば、新規事業の成功確率は高くなります。

●トレジャー・ファクトリーとオイシックスの提携●

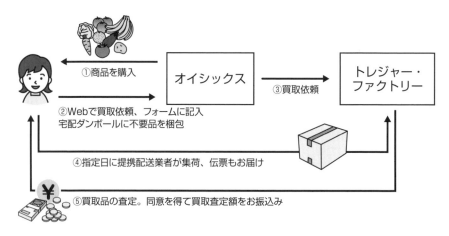

（出所）　トレジャー・ファクトリー公開資料

5-4 組織体制の構築

ここまでで、戦略を実行するための、バリューチェーンの設計と、社外パートナーとの提携の検討を行なってきました。ここからは、社内で新規事業を運営していくための組織体制の整備について検討することになります。

この組織体制の整備を検討するときにポイントになるのが、次の3つです。

・既存の事業部門から独立させ、社長直轄組織とする
・既存の事業部門からの協力体制を確保する
・既存の事業部門とは異なるKPIを設定して管理する

既存の事業部門からの独立

まず、新規事業を運営する部門は、既存の事業部門とは**別組織**にする必要があります。

そもそも、新規事業と既存事業とでは、必要になるスキルやノウハウが異なります。しかし、そのようなスキルやノウハウ以上に問題になってくるのが、組織としての「**作法=ルール**」の違いです。

組織には、その組織なりの「作法」というものがあります。例えば、「年度計画に盛り込まれていない新しい施策は、根回しをしたうえで月次会議にかけてから稟議に回すものだ」「事業部内で発言権があるのは営業成果を上げている者だけで、新しい提案は成果を上げてからするものだ」など、明示的あるいは暗黙的なルールが組織ごとにいくつも存在するものです。その組織の風土やスピード感というものが、意思決定に大きな影響を及ぼします。特に、不確実性の高い新規事業は、既存の事業部門の作法とは馴染みにくいのです。

極端にいえば、既存の事業部門側からすれば、そもそも新規事業は"ごくつぶし"の厄介者でしかありません。新規事業がまっとうな収益を上げるまでは、「人手をかけて稼ぎもせずに、何をやっているんだか……」とか、「社長の道楽で始めたみたいだけど、お手並み拝見だね……」というように、他の部門の社員からは、自分たちが汗水垂らして稼いだ利益を食いつぶしている存在にしか見えないことがあります。

このような雰囲気がある中では、社内の他部門からの支援は期待できません。新規事業の担当者もプレッシャーに押しつぶされてしまうこともあるでしょう。

したがって、既存のカンパニーや事業部の中で新規事業を成功させるというのは、そもそも難度が高いことなのです。

● コニカミノルタのケース

コニカミノルタでは、新規事業開発部門として「Business Innovation Center（ＢＩＣ）」を2015年に設立しました。市場ニーズに対応した事業開発を行なうため、世界の5か所（シリコンバレー、ロンドン、シンガポール、上海、東京）に拠点をつくりました。各拠点では、所長以下のコアメンバーは全員、外部からの人材を採用しており、ベンチャー企業、研究機関、投資家などとの外部ネットワークを構築して、新規事業の活動に取り組んでいます。

この新規事業開発部門（ＢＩＣ）は既存の組織から独立しており、日本に拠点をもつBIC Japanでもコニカミノルタ本社などとは別個の、東京品川のインテリジェントビルにオフィスを構えています。

また、ＢＩＣのホームページも、自社サイトとは別に作成され、コニカミノルタの本体とは独立した運営が行なわれていることがうかがえます[※5]。

新規事業部門は、できる限り**社長直轄組織**にすべきです。もちろん、企業規模に応じてケースバイケースですが、経営トップに近いところで意思決定が迅速にできることが必要条件となります。

新規事業は元来、不確実性が高いものなので、トライアンドエラーが前提

となり、そのためには、スピード感のある意思決定が必要です。既存の事業部門と同じように、関係部署への根回しをして社内稟議でいくつもの決裁をもらうといったプロセスの意思決定では、成功はおぼつかないでしょう。

レポートライン（業務報告を行なうときの系統）を、社長（および新規事業担当役員）のみにして、意思決定をシンプルにすることが望ましいです。

また、前述のように、新規事業の担当者は社内では冷ややかな目にさらされるものです。新規事業に着手すること自体には反対しないものの、新規事業に対する他部署の社員の思いは、それぞれ複雑です。事業拡大の見込みがなかなか立たない状況が続くと、陰に陽に批判の声が上がります。

じつは、新規事業が失敗する原因の1つとして、こうした社内の雰囲気に担当者が押しつぶされてしまうことがあるのです。そのような社内の空気を封じて新規事業の担当者を守り切れるのは、経営トップだけです。

意思決定のルートやプロセスを簡素化するという意味だけでなく、経営トップの意向によるプロジェクトであることを全社的にアピールして社内の軋轢を解消するためにも、新規事業部門を社長直属部門とする必要があるのです。

新規事業部門を設置する手順としては、次のとおりです。

まず事業検討段階（第1段階）では企画部門（例えば、経営企画室、社長室）内で立案までを行ない、事業立ち上げについて承認された段階（第2段階）で、社長直轄部門として新設します。その後、事業が軌道に乗れば、第3段階として分社化するという流れが王道です。ただし、第3段階まで進むか否かは、事業特性や資本政策上の問題もあるため、一概にはいえません。

新規事業部門を孤立させない仕組み

新規事業を担う組織について筆者が重要だと考えているのは、「『独立』はさせても『孤立』はさせない」ということです。

意思決定上の独立運営は必要になるものの、事業運営上の公式あるいは非公式の協力は行なうべきということです。ベンチャー企業ではない既存企業が新規事業を立ち上げるメリットは、既存の経営資源を活用できることにあ

るからです。そのメリットを十分に享受できるようにしなければなりません。

　前述のように、既存の事業部門から新規事業部門は冷ややかな目線で見られがちです。それを断ち切って協力体制をとらせるには、既存部門側にも業績管理上メリットのある仕組みをつくればよいのです。

　既存の事業部門からよく出る不満は、「優秀な人材を引き抜かれてしまう」「新規事業に自分たちの収益が食われてしまう」といったことでしょう。確かに、各部門から見た**部分最適**としては、それは否定できません。しかし、**全体最適**という視点で、会社全体として見れば新規事業は必要なことなので、積極的に協力できるように**インセンティブ設計**を行ない、それを事業計画段階で盛り込んでおきます。

　例えば、次のような措置が考えられます。

- メンバーを出した部門は、人件費負担分を割増で予算（目標）から控除する
- 新規事業部門への開発支援は、新規事業部門からの受託収入として社内取引をする
- 新規事業部門への協力は、「組織貢献」として「みなし収益」を計上する

　これらは管理会計上の話ではありますが、それだけでも既存部門側の協力姿勢が引き出せるようになるはずです。

◉新規事業部門の位置づけ◉

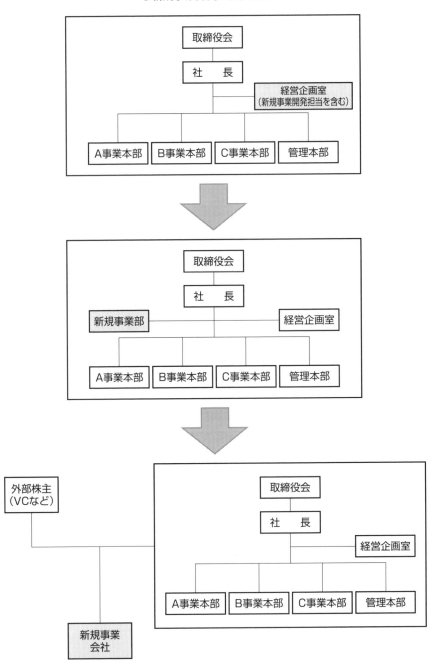

既存事業とは異なるＫＰＩ管理

　新規事業を運営する組織を既存事業と区分する以上、新規事業の管理も既存事業とは別の方法で行なうべきです。

　新規事業を管理するときに重要になるのは、「ＫＰＩ（Key Performance Indicator：主要業績評価指標）」の設定です。既存の事業部門とは異なるＫＰＩを設定するということです。

　ある大手企業の事業部では、十億円単位の仕事が通常であるため、１億円未満の仕事を「ゴミ」と称していました。数千万円単位の仕事になると、「それはゴミだから気にするな」という話になるわけです。また、別の大手メーカーでは、社内での評価尺度が「トン」であるため、ナノテク関連の事業について評価はできません。

　このように、その企業なりの評価のモノサシがあるのです。したがって、新規事業部門に対しては、既存事業部門とは異なるＫＰＩが必要になります。

　新規事業の場合、立ち上げ当初の初期段階で損益目標を追うのはナンセンスです。もちろん、事業計画上の損益目標を設定するのは当然ですが、それは事業を立ち上げた後の行動をマネジメントするために活用するものではありません。損益よりも、売上拡大に向けて肝となる先行指標があるはずなので、まずはそちらをＫＰＩとするべきです。例えば、次のような指標が考えられます。

・引合件数、集客数
・商談件数、提案件数、提案金額
・ページビュー数、サイト訪問数、ユニークユーザー数

　しかし、これらの指標のうち、どの指標が業績向上につながるかを特定するのは、じつは容易ではありません。特に、勝ちパターンが明らかとなっていない新規事業の場合は、なおさらです。

● リクルートのケース

　この点については、新規事業の開発に長けたリクルートといえども同様です。同社のＫＰＩについて、簡単に触れておきます。

　同社が発行する結婚情報誌「ゼクシィ」では、創刊当初のＫＰＩは、既存の就職情報誌と同様に、「資料請求用のはがきの返送数」としていたとのことです。しかし、それだけでは、結婚情報誌の広告掲載を依頼してくる顧客（結婚式場など）への提供価値を評価することはできません。

　そこで、同社はＫＰＩを「ブライダルフェア来訪者数」に変更したのです。その結果、誌面づくりや情報掲載方法などで、とるべき行動を変えることができ、その後の発展に結びついたとのことです[※6]。

　このように新規事業の場合は、その事業の状況に応じてＫＰＩ自体を変更することもめずらしくはありません。特に最近は、マーケティング手法として、「Ａ／Ｂテスト」が一般的となってきました。Ａ／Ｂテストとは、一定期間内で2つのパターンの商品やサービスを用意して、どちらがより高い成果を出せるのかを実験することです。

　トライアンドエラーを繰り返すことになる新規事業の初期段階では、ＫＰＩの設定でも試行錯誤を繰り返し、適切な指標を発見することが必要になるのです。そのため、事業計画の段階でＫＰＩを一旦設定したとしても、そのＫＰＩ自体を変えることは容認しなければなりません。逆にいえば、事業計画のほうを修正していけばよいのです。

　その際の留意点としては、可能な限り、ＫＰＩを「行動」につながる指標にするということです。なぜなら、ＫＰＩは、成果につながる行動をマネジメントするためのものだからです。

　前述のように、ネット系企業では「ページビュー数」や「サイト訪問数」などがＫＰＩとして設定されることがよくあります。しかし、これらの指標自体は、じつは「結果」でしかありません。本来は、ページビュー数やサイト数を増やすために、自社として行動できるものをＫＰＩとして設定するべきなのです。例えば、「テスト実施数」や「解析数」などの行動指標をＫＰＩと設定するのが、本来は望ましいといえます。

5-5 人材マネジメント

　事業の成功の可否を決めるのは、最後は「Who？（誰がやるのか？）」ということです。
　人材マネジメントを適切に行なわなければ、ここまで立案してきたビジネスモデルは、まさしく「絵に描いた餅」で終わってしまいます。
　この人材マネジメントの課題は、次の2点に集約されます。

- 誰にやらせるのか？ ──────→ 人材アサイン上の課題
- どのように能力を発揮させるのか？ ──→ 評価・処遇上の課題

誰にやらせるのか？ ──人材アサイン

　「誰にやらせるのか？」というテーマでは、次のような点がよく話題となります。

- 専任か兼任か？
- 社内人材か社外人材か？
- 発案者に実施させるか否か？　など

　これらは、新規事業の運営に限らず、いろいろなシーンで議論されるテーマです。もちろん、絶対的な正解があるわけではないために議論され続けているわけですが、そもそも議論が混乱している傾向があります。まず、考えるべきは、事業展開のフェーズに分けて整理することです。
　新規事業は、次の3つのフェーズに区分することができます。

第1段階：事業構想段階「0」
第2段階：事業立ち上げ段階「0→1」
第3段階：事業成長段階「1→10」

　第1段階の事業構想段階「0（ゼロ）」とは、「こんなのがおもしろいんじゃないの！」というアイデアを膨らませて、事業計画に取りまとめる段階です。まだ事業として立ち上がっているわけではないので、「0」のままです。
　第2段階の事業立ち上げ段階「0→1」とは、実際に事業を形にする段階です。具体的には、社外関係者を巻き込みながらシステム構築をしたり、対象顧客に営業したりして、一定の売上が上がるところまでです。よくいわれるように、ゼロの状態から新規事業を立ち上げて「0→1」にできる人材は、なかなか貴重です。
　第3段階の事業成長段階「1→10」とは、売上拡大を加速化させ、累損（累積損失）を解消し、持続的な事業として確立させていく段階です。具体的にいえば、自社の第2、第3の柱としたり、あるいは分社化してＩＰＯ（新規株式公開）をめざしたりするという段階です。
　こうして事業展開のフェーズに分けて整理した後に、前述した「誰にやらせるのか？」を検討していきます。

● 専任か兼任か？

　例えば、「専任か兼任か？」という議論は、シンプルです。第1段階「0」は「兼任」でＯＫです。新規事業の担当者は、既存事業に携わりながら知見を広めて、自分なりのアイデアを創出することができます。よくいわれる３Ｍの「15％ルール」やグーグルの「20％ルール」などのように、社員に就業時間内の一定割合を通常業務とは異なる自分のテーマに当たらせる仕組みをつくっておくのが望ましいでしょう。
　しかし、第2段階以降は、「専任」しかあり得ません。片手間で立ち上げることができる程度の事業ならば、その程度の成果しか得られません。会社として将来を見据えて取り組む事業であるならば、当然、専任の人員で運営していくしかないでしょう。

● 社内人材か社外人材か？

「社内人材か社外人材か？」という議論もよく聞きます。

これは、第1段階の事業構想をどうするかによります。つまり、事業構想を社内の人材に任せるか、社外の人材の知見を活用するか、それ次第です。前述したコニカミノルタの「ＢＩＣ」の事例では、所長以下のコアメンバーは全員、外部から採用してきた人材です。一方、サイバーエージェントは、「あした会議」や「NABRA」といった新規事業支援制度を採用しながら、社内の人材によって新規事業の立ち上げを続けてきました。また、リクルートの新規事業提案制度「New RING」は、その中間的な位置づけで、社外メンバーの起用も認めつつ、リーダーはリクルート社員に限定しています。

● 発案者に実施させるか否か？

じつは、この「発案者に実施させるか否か？」が、通説と実態が異なるところです。

一般的には、「いい出しっぺである熱意のある発案者にやらせるべきだ」と考えられています。アイデアを考えた人間にやらせないと、本気で実行されないというわけです。

しかし、「必ずしも発案者に実施させることが正しいとは限らない」ということが研究結果で実証されています。

東京大学の田中聡氏、中原淳氏の調査研究によれば、「成功した新規事業の担当者の中には、会社方針で異動させられてきたという人が意外に多い」ということが明らかになっています[※7]。

また、丹羽清氏らの調査研究によれば、「革新的な研究開発のうち、計画と実施を同一人物が手がけたのは48％、計画と実施を別の人物が担当したのは52％と、拮抗している」ことが明らかになっています[※8]。

つまり、第1段階の事業発案者が第2段階以降のフェーズを実行することが、必ずしも成功要因とは限らないということです。

これには、2つの理由が考えられます。

1つの理由は、「**担当者の資質にバラツキがある**」ということです。革新的なアイデアを出せて実行力もあるという人物がいれば、それがベストです

が、必ずしもそうとは限りません。いろいろなアイデアは思いつくけれども実行がともなわないという人もいれば、すでにある構想を実行するのが得意な人もいます。社員のモチベーションも大切ですが、そもそもの資質も大切です。

もう１つの理由は、「**実行を求めないことで、かえってアイデアが出やすくなる**」という点です。新しいアイデアを提案すると、「じゃあ、おまえがやれ」ということになりがちです。「発案者に責任をもってやらせたい」というだけでなく、「発案者が実行するほうがいい」と一般的に思われているので、なおさらです。

しかし、その場合、発案する側の社員は「アイデアを提案すると、自分がやらされる」と考えるようになってしまいます。そうなってしまうと、革新的なアイデアを出すよりも、その後の実現を想定して落としどころを考えた穏当なアイデアにとどまる、という形に帰結します。

逆に、「実行は考えなくてもいいので、アイデアを出してくれ」ということになると、斬新なアイデアや画期的なアイデアが出やすくなります。そういった意味で、事業構想段階と、それ以降の担当者を戦略的に分けるというやり方があり得るということです。

どのように能力を発揮させるのか？　――評価・処遇

新規事業のために集めた人材に、パフォーマンスを最大限発揮させるにはどうすればよいのか？

これは、各社が頭を悩ませている課題です。人材を生かすも殺すも、会社側のやり方次第です。

よく耳にするのは、新規事業を立ち上げる以上、信賞必罰のハイリスク・ハイリターンのインセンティブを設計すべきだという考え方です。例えば、次のようなインセンティブが考えられます。

・業績連動型役員報酬
・ストックオプション

・(少額であっても)出資による経営参画　など

　ＩＰＯ(新規株式公開)にまでもち込めれば、多額のキャピタルゲインが可能になるというわけです。逆に、新規事業の立ち上げに失敗すれば、ベース給与のみということになります。
　また最近では、新規事業部門や社内ベンチャーへの異動は片道切符とする会社も出てきました。これは、新規事業部門や社内ベンチャーに送り込まれた人が「本気で取り組むため、事業の成功確率も高まるだろう」という考えに基づいています。本人の「覚悟」を問うというわけです。
　もちろん、こうした制度に魅力を感じて自ら新規事業への参画を希望する人材が増えるという企業風土であれば、それでもよいでしょう。しかし、日本ではまだ、そのような会社は、もともとベンチャー気質のある企業に限られるのではないでしょうか。
　一般的な日本企業では、そこまでリスクを負いたくないと思う社員のほうが多いはずです。「いろいろと事業アイデアは考えてみたい」「新規事業の立ち上げにも興味がある」と思うものの、「そこまでのリスクは負いたくない」という社員がほとんどです。特に、伝統的な企業ではそうでしょう。
　このような多くの一般的な企業の場合には、**加点評価**を主軸とすべきです。そもそも、会社として新規事業を重視するという風土をつくるところから始めなければなりません。経営者がどんなに熱く「新規事業をやるぞ」と号令をかけたところで、多くの社員は冷ややかなものです。言葉だけでは、本気で受け止めてはくれません。そうした社員のやる気を引き出すには、「**人事評価による担保**」を考える必要があります。
　リクルートマネジメントソリューションズが社員数300人以上の企業を対象とした調査によれば、「評価制度への新規事業創造を推奨する観点の導入」を実施している企業は34.2％、つまり、3分の1程度にとどまっている状況です[※9]。
　もし、みなさんの会社がまだ新規事業における人事評価制度に加点評価の考え方を取り入れていないのであれば、右ページ上に示したような評価方法を採用する価値はあるはずです。

● **新規事業における人事評価** ●

基本方針：加点評価
① **参画時**：新規事業に参画したこと自体で評価する
② **担当期間**：既存事業とは異なる指標で評価する
③ **終了時**：失敗してもペナルティなしで元の部署に戻れる

　新規事業について評価するときには、まず、新規事業に参画したこと自体を評価対象として、プラス評価すべきです。そもそも、新規事業の成功確率は高くありません。それにもかかわらず、業績連動で評価されるとなると、二の足を踏むのは当然です。その場合、慣れ親しんだ既存部門で結果を出そうという判断は、合理的な選択といえます。

　経営陣が新規事業の成功を強く願うのであれば、その担当者には既存部門のエース級の人材を起用すべきです。エース級の人材が自分の担当部署を離れて新規事業に参画しても損にはならない、もっといえば、プラスに評価されることが明確に示されていれば、彼らの新規事業への参画が可能となります。

　新規事業部門への配属後、担当者の配属期間中（新規事業の担当期間中）の評価については、やはり既存部門とは異なる指標で評価されるべきです。事業が異なれば、評価するべき業務内容も変わるためです。

　そして、さらに重要なのは、「出口」の評価です。出口とは、新規事業の終了時を意味します。新規事業の立ち上げが成功裏に進めば、当然、プラス評価となるでしょう。問題は、新規事業が失敗に終わったときです。新規事業の発足当初は社内で期待されるものの、「新規事業が失敗した場合はどうなるか？」と考えると、やはり新規事業を担当する社員の不安感は拭えません。

　この出口の評価として筆者が妥当と考える方策は、新規事業に失敗してもペナルティなしで元の部署に戻れる制度（仕組み）をつくり、しかも、その制度を新規事業部門の発足時に公表することです。

● 東急電鉄のケース

　例えば、東急電鉄は、新規事業を創出するために「社内起業家育成制度」を2015年4月に創設しています。誰でも新規事業を提案することが可能で、発案者がプロジェクトリーダーとして携わることができる制度です。新規事業の検討段階における事務局や外部有識者からのサポートなど、検討体制の整備や成果に応じたインセンティブも用意されています。

　この制度の大きな特徴が、新規事業が失敗しても元のポジションに戻れることを保証するというものです。「3年経って1回様子を見て、順調ならばあと2年続ければいい。撤退するときは撤退していい。失敗してもマイナス評価になることはないので、とにかく思い切りやってほしい」というのが、経営トップであった野本弘文社長（当時）の思いであり、その結果、社内起業家育成制度を導入してから半年間で約70件の新規案件が発案されたとのことです[※10]。

　つまり、多くの日本企業では、新規事業は加点評価によって評価するほうがよいのではないかということです。「アメ」と「ムチ」でいえば、「アメ」を活用するべきだと筆者は考えています。こういう主張をすると、「それでは生ぬるい」という意見もあることでしょう。自身で起業したベンチャー経営者の方からすれば、そのとおりかもしれません。

　しかし、新規事業自体がチャレンジングなもので、数々の修羅場を経験することになるのですから、さらに評価まで「ムチ」を使う必要はないように思います。それよりも、ワクワク感をもって前向きに取り組んでもらったほうが、よい成果が生まれやすくなるはずです。

　さらに、多くの日本企業の実態を考えると、「アメ」によって新規事業担当者に安心感を与えたほうが、新規事業に果敢に挑戦する人材をより多く輩出することにつながるものと考えます。

5-6 ＸＹフーズのケース──体制の整備

ここまでの流れ

　さて、ＸＹフーズでは、山本さんが上司の経営企画室長やコンサルタントの西沢さんと協議しながら、新規事業の戦略策定までを、次のように進めていきました。改めて整理しておきます。

　同社は、新規事業のテーマとして決定した「オフィススナック販売サービス」のビジネスモデルとして、販売チャネルは「購買代理型」（116ページ参照）に徹し、積極的に同業他社の商品を揃えることにしました。パート社員によるルートセールス部隊を構築し、その部隊が各事業所を定期巡回して商品の補充を行なうとともに、エンドユーザー（最終消費者＝顧客）であるオフィスワーカーと関係性を築くようにします。

　プロモーションは、各事業所の総務部門との取引が多い福利厚生アウトソーシング事業者と提携するところから開始する予定です。課金モデルとしては、購買ごとに（顧客の利用の都度）、その顧客個人に対して課金することを基本と考えています。

バリューチェーンの設計

　今回の新規事業では、購買代理型モデルとすることになったため、バリューチェーンは次ページの図のようになります。

　オフィススナックの品揃えの中に自社製品を入れるものの、他社製品も積極的に採用することになります。

　したがって、ＸＹフーズはもともとメーカーですが、販売を起点にしたバリューチェーンを選択したことになります。

●ＸＹフーズのバリューチェーン●

	研究開発	調達	製造	物流	販売	アフターサービス
内製	○ 新製品開発は特に必要ないが、商品アイテムの取り揃えについては、同業他社各社の商品について改めて調査分析が必要	○ 一部は自社製品、それ以外は同業他社より商品を仕入れる	○ 一部の自社製品は、通常の生産ラインにおいて製造。特に追加投資は必要なし	△ 物流センターから各事業所への配送は、自社セールス部隊が定期巡回の形で実施する	○ ルートセールス部隊の定期巡回を通じて、各事業所のオフィスワーカーの購買を促進する	
外注				△ 物流センターの運営については、3PL事業者へ委託する必要がある	△ ラック設置事業所を新規開拓するには、福利厚生アウトソーシング事業者との提携が必要である	○ 事業立ち上げ後の次の段階としては、スマホアプリを開発し、健康データ・運動データをもとに健康支援サービスを実施する

パートナーの選定

新規事業として革新的なビジネスモデルとするには、前述したように次の視点でコラボレーションするパートナーを選択するのが有効です。ＸＹフーズでも検討してみました。

・潜在的に「競合する業者」と組んで参入を加速できないか？
・「異業種の業者」と組んで新たな勝ちパターンができないか？

仕入側から見ると、自社製品だけでは品揃えが不足するため、積極的に同業他社の製品を揃えなければなりません。つまり、「購買代理型モデル」のため、必然的に１つめの視点の「競合する業者」と組むことになります。
ただし、ＸＹフーズが商品を仕入れて販売するわけですから、その商品を

納品する同業他社から見れば「販売チャネルの拡充」となり、悪い話ではありません。実現性の高い提携と考えられます。

一方、販売面については、食品卸ルートにより量販店やコンビニへ商品を販売するのがＸＹフーズの既存事業であるため、オフィスにいるエンドユーザー（最終消費者）にリーチするチャネルがありません。

つまり、オフィスワーカーまでの「ラストワンマイル」が課題となります。そこで、２つめの視点の「異業種の業者」と組むという発想が重要になります。

ＸＹフーズの場合、まず「事業所」にラックを常備してもらわなければなりません。その点で、日本全国の各事業所との接点がボトルネックです。この部分について同社では、前述の福利厚生アウトソーシング事業者と提携することを構想しています。

福利厚生アウトソーシング事業者は、各事業所の総務部門を既存顧客として抱えています。ＸＹフーズのラックを既存顧客（各事業所）に紹介することは、特に追加の負担なく実施できそうです。あとは、手数料設定の交渉次第ということで、こちらの提携も実現性は高いといえます。

組織体制の構築

新規事業を成功させるための組織体制づくりについては、次の３つがポイントでした。

- 既存の事業部門から独立させ、社長直轄組織とする
- 既存の事業部門からの協力体制を確保する
- 既存の事業部門とは異なるＫＰＩを設定して管理する

現時点では、経営企画室内で山本さんが中心となって事業計画を立案しています。特に、今回検討している新規事業では、同業他社の製品も取り扱うことを予定しているため、既存事業部門との軋轢を避けられそうにありません。したがって、実際に経営陣から了解を得た段階で、「社長直轄の新規事

業部門」として独立させることを事業計画に盛り込むことにしました。

ただし、既存の事業部門と分離しただけでは不十分です。他の既存部門の社員から「訳のわからないビジネスを始めた奴ら」と傍観されても困ります。他の既存部門にも、積極的に協力してもらわなければなりません。

そういった観点から、既存の事業部門から積極的に製品を提供してもらえるようにするとともに、物流面やシステム面など、多面的な協力を引き出せるように、新規事業部門への貢献を「組織貢献」としてインセンティブ化することも事業計画に盛り込みました。

また、新規事業部門のＫＰＩは、当面、「事業所への設置ラック数」としました。いきなり、「損益」を追うのではなく、まずはラックを設置することに注力させるためです。

人材マネジメント

人材マネジメントでは、次の2つがポイントでした。

・誰にやらせるのか？（人材アサイン上の課題）
・どのように能力を発揮させるのか？（評価・処遇上の課題）

発案者である山本さん自身も、実際の事業推進について興味をもっています。しかし、山本さんは、事業経験も不足している自分が、いきなり新規事業部門のヘッド（責任者）としてやるというのは気が引けるため、自分自身が責任者になる点について事業計画に盛り込むことを躊躇しました。

事業経験のある上席者のもとで実務を推進するというのが現実的ではないだろうかと考えています。また、外部の人材を採用するのも選択肢の1つではないかと考えています。

新規事業担当者の処遇・評価については、「加点評価」を原則とする旨を盛り込むことにしました。新規事業に参画したこと自体で評価すること、新規事業の担当期間中は既存事業とは異なる指標で評価すること、失敗してもペナルティなしで元の部署に戻れること、などを盛り込みたいと考えていま

す。
　しかし、この点については、経営企画室として、人事部門とのすり合わせが必要なため、提案ベースにとどめることにしました。

第6章

収益を試算する

6-1 数字に落とし込む

山本さん
いやぁ、やっとここまで来ましたね。あとは、数字に落とし込めば、ようやく「事業計画書」になるという気がしますね。「**収益シミュレーション**」といっても、ゼロからつくり込む必要はないですよね？

西沢さん
もちろん、参考にできそうなテンプレートの類は多数あります。ネット上でも無料でダウンロードできるものがたくさんあります。

山本さん
私は営業一筋でやってきたので、収益シミュレーションというのは、ちょっと不慣れなものでして……。

西沢さん
心配しなくても大丈夫ですよ。苦手意識があるくらいの人のほうが慎重に考えるので、よいかもしれません。むしろ、中途半端に、「自分はできる」と思い込んでいる人のほうが、不用意に数字合わせをして失敗してしまうものです。

大切なのは、「一発で精緻なシミュレーションをしよう」などと考えないことです。検討が具体的になってくると、いろいろと前提が変わるものですから、それに対応して収益シミュレーションをバージョンアップしていくことが、成功につながると考えてください。

これまで検討してきた事業構想を、いよいよ数字に落とし込むことになります。

しかし、この作業は、「1回で終わらせる」とは考えないでください。事業開始前に検討しているビジネスモデルは、あくまでも「**仮説**」だからです。どんなに緻密に検討してみても、事業計画が具体的になって、実際に動き出してみないと、わからないことは多々あります。

例えば、次のとおりです。

・実際に対象顧客とコンタクトしてみたら単価設定が甘かった
・社内で調整したものの、想定人員が確保できなかった
・パートナーと折衝したところ、必要経費が想定以上に増えた　など

このようなことは日常茶飯事です。そもそも、新規事業である以上、どれが最も有効なＫＰＩかさえも、実際に動き出しながら変更していく可能性があるのです。本書の冒頭でも述べたとおり、事業計画書はトライアンドエラーを続けながらバージョンアップしていくものだということです。

したがって、収益シミュレーションも、最初から精緻なものをつくり込もうとするのは非現実的であり、「試算」の積み重ねでブラッシュアップしていくものだと認識してください。

こうした点を前提としたうえで、次のようなステップで収益シミュレーションを考えていきましょう。

●収益シミュレーションのステップ●

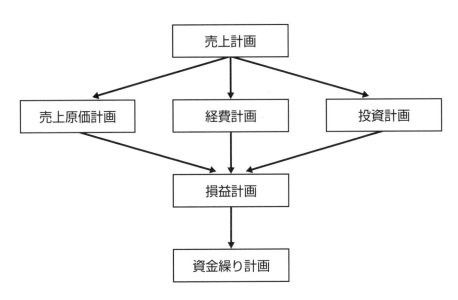

6-2 売上計画の立て方

「かけ算」で考える

　売上高のシミュレーションは、「かけ算」で考えるのが基本です。

　つまり、売上高をひとかたまりで考えるのではなく、何らかの変数に分解して考えるということです。「数量×単価」に分解することによって、予測しやすくするのです。

　例えば、売上高は次のような分解式で表すことができます。

- 「販売数量×販売単価」
- 「客数×客単価」
- 「アイテム数×単価」
- 「営業人員数×一人あたり売上」
- 「店舗数×店舗あたり売上」

　例えば、ＸＹフーズの新規事業「オフィススナック販売サービス」で考えてみましょう。

　このサービスは、オフィスにスナックラックを設置させてもらい、そのオフィスで働く従業員が個人的に健康的な軽食やドリンク類を購入するというビジネスモデルです。したがって、このビジネスモデルの条件を考慮すると、次のように多様な売上高のかけ算が想定されます。

① 「商品アイテム数×アイテム別販売単価」
② 「顧客社員数×社員一人あたり売上」
③ 「設置ラック数×ラックあたり売上」

ここで重要になるのは、自社の事業展開やＫＰＩとの整合性です。

この新規事業では、実際の購買者は各社員一人ひとりとなりますが、営業展開はあくまで事業所単位となります。

ＫＰＩは前述のように「事業所への設置ラック数」と決めましたので、①～③のかけ算では、③が最も管理しやすくなります。

設置ラック数は事業所の規模によって異なると想定されますから、ここでは下の表のように小規模・中規模・大規模の3段階で分類することにします。

事業所ごとの平均設置ラック数は、小規模事業所では1、中規模事業所では3、大規模事業所では5とします。もちろん、これでも粗い分類であることは否定できませんが、これ以上細分化して積み上げても現段階では非現実的であるため、事業所規模の分類は、3段階にとどめておくことにします。

また、設置ラックごとの1日あたりの売上は2千円、営業日数（この例では20日）を勘案した月商は40千円と想定します。したがって、事業所ごとの平均月商は、小規模では40千円（40千円×1）、中規模では120千円（40千円×3）、大規模では200千円（40千円×5）となります。

つまり、この例では、次の計算式によって売上高のシミュレーションを行なうことができます。

> 売上高＝設置事業所数×平均設置ラック数×1ラックあたり月商

●事業所の規模ごとの平均設置ラック数と平均月商●

	1ラックあたり平均月商（千円）	1事業所あたり平均設置ラック数	1事業所あたり平均月商（千円）
小規模事業所（～50名）	40	1	40
中規模事業所（51～500名）	40	3	120
大規模事業所（501名～）	40	5	200

「月次」で考える

特に、新規事業の場合は、事業の立ち上がり方を見極める必要があります。当然、コストは事業の立ち上げに先行してかかるものの、売上が立つのは遅行します。それが3か月後なのか、6か月後なのか、1年後なのかによって、資金繰りが大きく異なってきます。

したがって、「**月次**」で考えるのが基本です。新規事業の場合は、事業立

●オフィススナック販売サービスの売上計画●

売上計画　1年目			1か月目	2か月目	3か月目	4か月目
新規設置事業所数	小規模事業所（〜50名）					
	中規模事業所（51〜500名）					
	大規模事業所（501名〜）					
	小規模事業所（〜50名）		0	0	0	0
	中規模事業所（51〜500名）		0	0	0	0
	大規模事業所（501名〜）		0	0	0	0
累積設置事業所数	小規模事業所（〜50名）	40	0	0	0	0
	中規模事業所（51〜500名）	120	0	0	0	0
	大規模事業所（501名〜）	200	0	0	0	0
売上金額（千円）			**0**	**0**	**0**	**0**

売上計画　2年目			13か月目	14か月目	15か月目	16か月目
新規設置事業所数	小規模事業所（〜50名）		30	30	30	30
	中規模事業所（51〜500名）		20	20	20	20
	大規模事業所（501名〜）		10	10	10	10
	小規模事業所（〜50名）		125	155	185	215
	中規模事業所（51〜500名）		95	115	135	155
	大規模事業所（501名〜）		47	57	67	77
累積設置事業所数	小規模事業所（〜50名）	40	5,000	6,200	7,400	8,600
	中規模事業所（51〜500名）	120	11,400	13,800	16,200	18,600
	大規模事業所（501名〜）	200	9,400	11,400	13,400	15,400
売上金額（千円）			**25,800**	**31,400**	**37,000**	**42,600**

売上計画　3年目			25か月目	26か月目	27か月目	28か月目
新規設置事業所数	小規模事業所（〜50名）		5	5	5	5
	中規模事業所（51〜500名）		5	5	5	5
	大規模事業所（501名〜）		5	5	5	5
	小規模事業所（〜50名）		355	360	365	370
	中規模事業所（51〜500名）		250	255	260	265
	大規模事業所（501名〜）		162	167	172	177
累積設置事業所数	小規模事業所（〜50名）	40	14,200	14,400	14,600	14,800
	中規模事業所（51〜500名）	120	30,000	30,600	31,200	31,800
	大規模事業所（501名〜）	200	32,400	33,400	34,400	35,400
売上金額（千円）			**76,600**	**78,400**	**80,200**	**82,000**

ち上げ後の24か月ないしは36か月の売上計画を立てます。

ＸＹフーズの例では、事業所開拓営業に半年程度は要すると想定し、最初の売上計上は事業をスタートしてから6か月後（7か月目）としています。

「保守的」に考える

大切なのは、売上の立ち上がり時期は「**保守的**」に見るということです。

5か月目	6か月目	7か月目	8か月目	9か月目	10か月目	11か月目	12か月目	**1年目**
		5	10	10	20	20	30	
		5	10	10	10	20	20	
		2	5	5	5	10	10	
0	0	5	15	25	45	65	95	
0	0	5	15	25	35	55	75	
0	0	2	7	12	17	27	37	
0	0	200	600	1,000	1,800	2,600	3,800	10,000
0	0	600	1,800	3,000	4,200	6,600	9,000	25,200
0	0	400	1,400	2,400	3,400	5,400	7,400	20,400
0	**0**	**1,200**	**3,800**	**6,400**	**9,400**	**14,600**	**20,200**	**55,600**

17か月目	18か月目	19か月目	20か月目	21か月目	22か月目	23か月目	24か月目	**2年目**
30	15	15	15	15	15	15	15	
20	10	10	10	10	10	10	10	
10	10	10	10	10	10	10	10	
245	260	275	290	305	320	335	350	
175	185	195	205	215	225	235	245	
87	97	107	117	127	137	147	157	
9,800	10,400	11,000	11,600	12,200	12,800	13,400	14,000	122,400
21,000	22,200	23,400	24,600	25,800	27,000	28,200	29,400	261,600
17,400	19,400	21,400	23,400	25,400	27,400	29,400	31,400	244,800
48,200	**52,000**	**55,800**	**59,600**	**63,400**	**67,200**	**71,000**	**74,800**	**628,800**

29か月目	30か月目	31か月目	32か月目	33か月目	34か月目	35か月目	36か月目	**3年目**
5	5	5	5	5	5	5	5	
5	5	5	5	5	5	5	5	
5	5	5	5	5	5	5	5	
375	380	385	390	395	400	405	410	
270	275	280	285	290	295	300	305	
182	187	192	197	202	207	212	217	
15,000	15,200	15,400	15,600	15,800	16,000	16,200	16,400	183,600
32,400	33,000	33,600	34,200	34,800	35,400	36,000	36,600	399,600
36,400	37,400	38,400	39,400	40,400	41,400	42,400	43,400	454,800
83,800	**85,600**	**87,400**	**89,200**	**91,000**	**92,800**	**94,600**	**96,400**	**1,038,000**

第6章 収益を試算する

心情的には、ついつい早めに売上が計上されるように想定し、バラ色のシミュレーションを描きたくなるものです。しかし、それでは、あえて事業計画書をつくる意味がありません。そもそも、「事業として成り立つのか？」「成り立つとして、どのタイミングで資金繰りが厳しくなるのか？」を客観的に分析するためには、時期の設定は冷静に行なうべきです。

　さらに保守的に見るには、「**売上寄与率**」を見る必要もあります。

　例えば、営業マンを一人増やしたからといって、その新しく採用した営業マンが既存の営業マンと同じような売上を採用当月から上げるとは考えにくいでしょう。採用直後は研修的に先輩営業マンと同行し、その後も自社の商品特性や営業特性に少しずつ慣れながら売上を増やしていくというのが、自然な形でしょう。

　したがって、採用後6か月間は30％、その後の6か月間は50％、そして12か月後より既存営業マン同様100％売上に寄与するというように想定するべきです。こうした考え方が、売上寄与率を見るということです。

　ただし、ＸＹフーズの例では、オフィスワーカー個人による「最寄品購買（日用品のように、購買頻度の高い購買）」であるため、ラックが設置されたら、その当月から100％の売上が上がるものと想定しています。

6-3 売上原価計画、経費計画、投資計画の立て方

原価設定はビジネスモデルによって異なる

売上原価のシミュレーションは、ビジネスモデルによって異なります。

まず、製造業モデルの場合には、**生産計画**に基づきます。設備投資を実施し、**生産工程**を決定し、その工程に必要な**生産人員**と**生産体制**を決定します。その段階で、初めて生産計画をつくることができます。

設備投資や在庫投資をどのような水準にするかがポイントになるので、後述する「投資計画」を検討してから再度検討することになります。

次に、流通業モデルの場合には、リアル店舗だけでなくEC業態もここに含まれます。仕入販売が前提となるため、単純に考えれば**粗利率**(=ロス率を考慮した売価基準値入率)だけを考えればよいということになります。

> 粗利率(%) = (販売価格 − 仕入原価) ÷ 販売価格 × 100

●製造業における売上原価計画(例)●

(単位:千円)

	4月	5月	6月	7月	8月	9月	10月	11月	12月	1月	2月	3月	累計
月初材料棚卸高		1,000	1,000	1,000	1,000	1,000	1,000	1,000	1,000	1,000	1,000	1,000	11,000
当月材料仕入高	5,000	5,000	5,000	6,000	6,000	6,000	6,000	6,000	6,000	8,000	8,000	8,000	75,000
月末材料棚卸高	1,000	1,000	1,000	1,000	1,000	1,000	1,000	1,000	1,000	1,000	1,000	1,000	12,000
当月材料費	4,000	5,000	5,000	6,000	6,000	6,000	6,000	6,000	6,000	8,000	8,000	8,000	74,000
労務費	4,800	4,800	4,800	4,800	4,800	4,800	4,800	4,800	4,800	6,000	6,000	6,000	61,200
外注費	2,400	2,400	2,400	3,000	3,000	3,000	3,000	3,000	3,000	3,000	3,000	3,000	34,200
製造経費	3,600	3,600	3,600	4,500	4,500	4,500	4,500	4,500	4,500	4,500	4,500	4,500	51,300
総製造費用	14,800	15,800	15,800	18,300	18,300	18,300	18,300	18,300	18,300	21,500	21,500	21,500	220,700
月初仕掛品	0	2,000	2,000	2,000	2,000	2,000	2,000	2,000	2,000	2,000	2,000	2,000	22,000
月末仕掛品	2,000	2,000	2,000	2,000	2,000	2,000	2,000	2,000	2,000	2,000	2,000	2,000	24,000
当月製造原価	12,800	15,800	15,800	18,300	18,300	18,300	18,300	18,300	18,300	21,500	21,500	21,500	218,700

例えば、健康食品の通販なら50％以上、量販店なら20〜30％程度、卸売業なら10〜20％程度というような目安がありますが、自社が新たに企画した商材がどの程度の価格で仕入れられるかを検討して、粗利率を設定することになります。

ただし、先行的に在庫投資をすることになるため、「どの程度の仕入サイトが必要なのか？」「何か月分の在庫を保有すべきなのか？」についても検討しなければなりません。しかし、それらは資金繰り計画時に設定することになるため、損益計画上は、とりあえず粗利率だけを見ればよいでしょう。

また、サービス業モデルの場合には、基本的に「モノ」がないので、**人件費と経費、外注費の合計が売上原価**となります。したがって、考え方は次項で説明する「経費計画」と同様です。

ＸＹフーズの新規事業「オフィススナック販売サービス」の場合、大半の商品を同業他社から仕入れることになるため、流通業モデルで検討することにして、「粗利率」を設定します。一部の自社商品も自社の既存事業部門から仕入れるものととらえれば、他社から仕入れる場合と同じ考え方で算出することが可能です。

では、シンプルな設定で「粗利ミックス」を試算してみましょう。下の表に示したように、他社商品と自社商品との商品構成を80：20、他社商品の中でも商品カテゴリーごとにＡ商品40：Ｂ商品30：Ｃ商品10とします。それぞれの粗利率がＡ商品24％、Ｂ商品20％、Ｃ商品16％、自社商品30％と想定すれば、トータルとしての粗利率は23.2％（Ａ商品24％×0.4＋Ｂ商品20％×0.3＋Ｃ商品16％×0.1＋自社商品30％×0.2）となります。

●オフィススナック販売サービスの粗利率の設定●

	商品構成比	粗利率	粗利構成
他社商品	80%		
Ａ商品	40%	24%	9.6%
Ｂ商品	30%	20%	6.0%
Ｃ商品	10%	16%	1.6%
自社商品	20%	30%	6.0%
			23.2%

もちろん、時期によって粗利率は変動する可能性がありますが、まずはこのトータルの粗利率を売上計画と連動させれば、売上総利益までは計画化できます。

経費は個別に積み上げる

経費も、ビジネスモデルに応じてその大小は異なりますが、基本的には**人件費**（役員報酬、正社員人件費、パート社員〔アルバイトを含む〕人件費）と、**その他経費**に分かれます。その他経費の主要費目としては、外部委託費、広告宣伝費、販売手数料、地代家賃、減価償却費・リース料などがあります。

教科書的には、変動費と固定費に分解できるため、それぞれの費目特性に応じて、変動費なら売上連動、固定費なら一定としてシミュレーションを行なうべき、ということになります。

しかし、実態としては、特に新規事業の立ち上げ当初では、明確に変動費と固定費に区分しにくいはずです。各費目についてできるだけ個別に考慮して予測をするしかないといえます。

●オフィススナック販売サービスの経費計画の算定根拠●

	算定根拠
広告宣伝費	販促計画（初年度に集中的に投下）
販売手数料	売上連動（オフィス設置成約に応じて支払うため、近似的に売上連動とする）
運賃	売上連動（物流量増加に応じて増加するため、近似的に売上連動とする）
外部委託費	投資計画（自社サイト・情報システム構築のアウトソーシング）
地代家賃	投資計画（自社オフィス等の家賃、オフィス拡張までは固定的）
水道光熱費	投資計画（自社オフィス等での利用、オフィス拡張までは固定的）
減価償却費・リース料	投資計画（自社資産の場合は減価償却費、リース資産の場合はリース料、いずれも定額）
役員報酬	人員計画（当初3か年は兼務のためゼロ）
社員人件費	人員計画（正社員は最小限）
パート人件費	人員計画（事業規模拡大に応じて増員）
その他雑費	固定的ながら1年ごとに増加

例えば、ＸＹフーズの新規事業「オフィススナック販売サービス」の場合、前ページ下の表のような形で試算することになるでしょう。

初期投資は何か？　追加投資は必要か？

便宜上、原価計画、経費計画の後になりましたが、現実的には初期投資として最初にかかるものを投資計画として洗い出しておくことが必要です。

製造業モデルであれば、生産設備や物流設備への投資が多額であるため、これらを最初に検討するべきです。

流通業モデル、サービス業モデルの場合は、情報システムや事務所関連への投資が中心になると考えられます。具体的には、システム投資、物件保証金、内外装工事、什器・器具・備品などが挙げられます。

設備投資を固定資産の取得で行なう場合は、資金繰り計画の投資支出に計上する項目となり、損益計画上は**減価償却費**として期間損益に計上されます。しかし、スタートアップの場合はリースを活用するケースが多いと考えられるので、その際は**リース料**として損益計画に経費計上することになります。

ここで重要なのは、初期投資の検討だけに終始しないことです。事業の立ち上げ時の初期投資については綿密に検討するものの、その後の追加投資については忘れがちです。当然、事業規模の拡大に応じて追加投資を行なわなければならないものが出てくるはずであり、その点ももれなく計上しておくべきです。

ＸＹフーズの場合は、リースを活用することにして、リース料として経費処理するものと想定しています。

6-4 損益計画の立て方

　売上計画、売上原価計画、経費計画、投資計画が立てられれば、**営業利益段階までの損益計画**を立てることができます。

　まず、事業の立ち上げ期から24か月間ないしは36か月間の**月次損益計画**を試算します。

　ＸＹフーズの「オフィススナック販売サービス」の場合を見てみましょう（次ページ参照）。

　売上が上がり始めるのが7か月目、黒字化するのが15か月目となります。まだ拡大基調ではあるものの、3年目には売上が10億円を突破し、営業利益も新規事業の要件定義（第2章参照）で掲げていた1億円が見えてくる段階になることがわかります。したがって、損益計画としても合格点といえるでしょう。

　もちろん、このような目論みどおりに進むとは限りません。よくいわれるように、いくつかのパターンのシミュレーションを実施することも重要です。

　上記のような売上が堅調に伸びていくベースケースだけでなく、売上が伸び悩んだ場合の悲観的なケースも想定したうえで、経営陣に答申することが必要になります。

　また、もっと踏み込んで、「追加投資を行なえば、どこまで売上を拡大させることが可能か？」といった、ベースケースよりも楽観的なケースも併せて提示すると、経営陣が意思決定する際に有用でしょう。

●オフィススナック販売サービスの損益計画●

		1か月目	2か月目	3か月目	4か月目
売上高		0	0	0	0
売上総利益	23.2%	0	0	0	0
販売費・一般管理費		2,850	4,300	4,300	24,800
広告宣伝費					20,000
販売手数料		0	0	0	0
運賃		0	0	0	0
外部委託費		500	500	500	500
地代家賃		300	300	300	300
水道光熱費		100	100	100	100
リース料		300	300	300	300
役員報酬		0	0	0	0
社員人件費		1,500	1,500	1,500	1,500
パート人件費			1,500	1,500	2,000
その他雑費		150	100	100	100
営業利益		−2,850	−4,300	−4,300	−24,800

		13か月目	14か月目	15か月目	16か月目
売上高		25,800	31,400	37,000	42,600
売上総利益	23.2%	5,986	7,285	8,584	9,883
販売費・一般管理費		7,656	8,048	8,440	8,832
広告宣伝費					
販売手数料		1,290	1,570	1,850	2,130
運賃		516	628	740	852
外部委託費		500	500	500	500
地代家賃		300	300	300	300
水道光熱費		100	100	100	100
リース料		300	300	300	300
役員報酬		0	0	0	0
社員人件費		1,500	1,500	1,500	1,500
パート人件費		3,000	3,000	3,000	3,000
その他雑費		150	150	150	150
営業利益		−1,670	−763	144	1,051

		25か月目	26か月目	27か月目	28か月目
売上高		76,600	78,400	80,200	82,000
売上総利益	23.2%	17,771	18,189	18,606	19,024
販売費・一般管理費		11,262	11,388	11,514	11,640
広告宣伝費					
販売手数料		3,830	3,920	4,010	4,100
運賃		1,532	1,568	1,604	1,640
外部委託費		500	500	500	500
地代家賃		300	300	300	300
水道光熱費		100	100	100	100
リース料		300	300	300	300
役員報酬		0	0	0	0
社員人件費		1,500	1,500	1,500	1,500
パート人件費		3,000	3,000	3,000	3,000
その他雑費		200	200	200	200
営業利益		6,509	6,801	7,092	7,384

（単位：千円）

5か月目	6か月目	7か月目	8か月目	9か月目	10か月目	11か月目	12か月目	1年目
0	0	1,200	3,800	6,400	9,400	14,600	20,200	55,600
0	0	278	882	1,485	2,181	3,387	4,686	12,899
4,800	4,800	25,384	5,566	5,748	26,458	6,822	7,214	123,042
		20,000			20,000			60,000
0	0	60	190	320	470	730	1,010	2,780
0	0	24	76	128	188	292	404	1,112
500	500	500	500	500	500	500	500	6,000
300	300	300	300	300	300	300	300	3,600
100	100	100	100	100	100	100	100	1,200
300	300	300	300	300	300	300	300	3,600
0	0	0	0	0	0	0	0	0
1,500	1,500	1,500	1,500	1,500	1,500	1,500	1,500	18,000
2,000	2,000	2,500	2,500	2,500	3,000	3,000	3,000	25,500
100	100	100	100	100	100	100	100	1,250
−4,800	−4,800	−25,106	−4,684	−4,263	−24,277	−3,435	−2,528	−110,143

17か月目	18か月目	19か月目	20か月目	21か月目	22か月目	23か月目	24か月目	2年目
48,200	52,000	55,800	59,600	63,400	67,200	71,000	74,800	628,800
11,182	12,064	12,946	13,827	14,709	15,590	16,472	17,354	145,882
9,224	9,490	10,256	10,522	10,788	11,054	11,320	11,586	117,216
								0
2,410	2,600	2,790	2,980	3,170	3,360	3,550	3,740	31,440
964	1,040	1,116	1,192	1,268	1,344	1,420	1,496	12,576
500	500	500	500	500	500	500	500	6,000
300	300	300	300	300	300	300	300	3,600
100	100	100	100	100	100	100	100	1,200
300	300	300	300	300	300	300	300	3,600
0	0	0	0	0	0	0	0	0
1,500	1,500	1,500	1,500	1,500	1,500	1,500	1,500	18,000
3,000	3,000	3,500	3,500	3,500	3,500	3,500	3,500	39,000
150	150	150	150	150	150	150	150	1,800
1,958	2,574	2,690	3,305	3,921	4,536	5,152	5,768	28,666

第6章 収益を試算する

29か月目	30か月目	31か月目	32か月目	33か月目	34か月目	35か月目	36か月目	3年目
83,800	85,600	87,400	89,200	91,000	92,800	94,600	96,400	1,038,000
19,442	19,859	20,277	20,694	21,112	21,530	21,947	22,365	240,816
11,766	11,892	12,518	12,644	12,770	12,896	13,022	13,148	146,460
								0
4,190	4,280	4,370	4,460	4,550	4,640	4,730	4,820	51,900
1,676	1,712	1,748	1,784	1,820	1,856	1,892	1,928	20,760
500	500	500	500	500	500	500	500	6,000
300	300	300	300	300	300	300	300	3,600
100	100	100	100	100	100	100	100	1,200
300	300	300	300	300	300	300	300	3,600
0	0	0	0	0	0	0	0	0
1,500	1,500	1,500	1,500	1,500	1,500	1,500	1,500	18,000
3,000	3,000	3,500	3,500	3,500	3,500	3,500	3,500	39,000
200	200	200	200	200	200	200	200	2,400
7,676	7,967	7,759	8,050	8,342	8,634	8,925	9,217	94,356

6-5 資金繰り計画の立て方

　損益計画が確定したら、次は**資金繰り計画**を作成します。

　損益計画は発生主義ベースで計上されるため、実際の資金の出入りを管理するためには現金主義ベースの資金繰り計画が必要になるのです。

　特に、不確定要因の多い新規事業の場合は、**キャッシュフローベースでの予測**が重要です。資金繰り計画もいろいろなパターンがありますが、ここでは次の3つの収支を計算する方法をとることにします。

・経常収支（事業活動による収入・支出）
・投資収支（投資活動による収入・支出）
・財務収支（財務活動による収入・支出）

　経常収支は、通常の事業活動による収入・支出です。

　売上を上げて、それが「**現金**」として入金されれば経常収入です。「現金」として入金されることがポイントです。したがって、売掛による売上は、現金化される月に初めて計上されることになります。

　経常支出は、在庫投資に対する支払い、人件費および各種経費に対する支払い、借入がある場合は利払いもその対象となります。これも現金主義であるため、買掛債務の場合は実際に支払った月に計上することになります。

　投資収支は、設備投資による収入・支出です。具体的には、固定資産売却による収入と、固定資産取得による支出（工場建設、機械設備取得、データセンター新設など）となります。新規事業では、事業立ち上げ時に多額の投資支出が行なわれることもありますが、スタートアップの場合はリースによることも多いので、損益計画時に経費として計上することになります。

財務収支は、資金調達上の収入・支出です。出資や借入による資金調達が収入、借入返済による資金返済が支出ということになります。

では、ＸＹフーズの「オフィススナック販売サービス」のケースで見てみましょう。

まずは経常収支からです。

いろいろな収入のうち、まず売上は、損益計画からそのまま連動させます。そして、現金売上と売掛による売上に区分し、売掛の場合は回収月に「売掛金回収」として計上します。この例では、個人による購買の都度、課金することになっているため、すべて現金売上として計上すればＯＫです。

次は経常支出についてですが、この例では経費の支払いのすべてを当月支払いするものとします。したがって、損益計画の販売費及び一般管理費からそのままもってくればＯＫです。ただし、現実のビジネスでは、当月計上のものも翌月計上のものもあるので、本来はできる限り正確に区分して計上することが望ましいです。在庫仕入については、売上月の３か月前に仕入れ、その翌月（売上月の２か月前）に支払うという条件で設定しました（当月仕入翌月払いの買掛仕入）。これも事例であるため簡便化しましたが、商品区分や仕入先によって支払条件が明確な場合には、それぞれ区分して計上することが望ましいでしょう。利払いについては、社内借入のため２年間は猶予という形で設定しています。

投資収支は、この事例の場合はありません。すべてリース料として経費計上としているためです。

財務収支は、まず事業立ち上げ当初に２億円を社内融資で借り入れるという設定にしました。その後、２年目の期初に１億円の追加融資によって帳尻を合わせています（いずれも５年ローン）。つまり、事業立ち上げ当初の２年間は返済猶予という形にして、３年目より返済を発生させています。融資された合計３億円を５年返済（60か月返済）するため、毎月500万円の返済としています。

なお、社内ベンチャーとして分社化する場合は、出資による資金調達も考えられます。

●オフィススナック販売サービスの資金繰り計画●

				1か月目	2か月目	3か月目
前月繰越金			(A)	200,000	197,150	192,850
売上高					0	0	0
経常収支	収入	現金売上			0	0	0
		売掛金回収			0	0	0
			計	0	0	0	0
	支出	現金仕入（当月仕入当月支払）					
		買掛金支払（当月仕入翌月支払）			0	0	0
		経費支払（当月支払）			2,850	4,300	4,300
		利払い					
			計	0	2,850	4,300	4,300
			経常収支計(B)	0	−2,850	−4,300	−4,300
投資収支	収入	固定資産売却収入					
	支出	固定資産取得支出					
			設備収支計(C)				
財務収支	収入	出資					
		借入		200,000			
	支出	借入返済					
			財務収支計(D)	200,000	0	0	0
			翌月繰越金(A)+(B)+(C)+(D)	200,000	197,150	192,850	188,550

					13か月目	14か月目	15か月目
前月繰越金			(A)	45,928	45,928	135,656	126,291
売上高					25,800	31,400	37,000
経常収支	収入	現金売上			25,800	31,400	37,000
		売掛金回収					
			計	0	25,800	31,400	37,000
	支出	現金仕入（当月仕入当月支払）					
		買掛金支払（当月仕入翌月支払）			28,416	32,717	37,018
		経費支払（当月支払）			7,656	8,048	8,440
		利払い					
			計	0	36,072	40,765	45,458
			経常収支計(B)	0	−10,272	−9,365	−8,458
投資収支	収入	固定資産売却収入					
	支出	固定資産取得支出					
			設備収支計(C)				
財務収支	収入	出資					
		借入			100,000		
	支出	借入返済					
			財務収支計(D)	0	100,000	0	0
			翌月繰越金(A)+(B)+(C)+(D)	45,928	135,656	126,291	117,833

					25か月目	26か月目	27か月目
前月繰越金			(A)	99,483	99,483	98,027	96,863
売上高					76,600	78,400	80,200
経常収支	収入	現金売上			76,600	78,400	80,200
		売掛金回収					
			計	0	76,600	78,400	80,200
	支出	現金仕入（当月仕入当月支払）					
		買掛金支払（当月仕入翌月支払）			61,594	62,976	64,358
		経費支払（当月支払）			11,262	11,388	11,514
		利払い			200	200	200
			計	0	73,056	74,564	76,072
			経常収支計(B)	0	3,544	3,836	4,128
投資収支	収入	固定資産売却収入					
	支出	固定資産取得支出					
			設備収支計(C)				
財務収支	収入	出資					
		借入					
	支出	借入返済			5,000	5,000	5,000
			財務収支計(D)	0	−5,000	−5,000	−5,000
			翌月繰越金(A)+(B)+(C)+(D)	99,483	98,027	96,863	95,991

(単位：千円)

4か月目	5か月目	6か月目	7か月目	8か月目	9か月目	10か月目	11か月目	12か月目
188,550	163,750	158,028	150,310	121,211	112,226	101,665	69,093	57,057
0	0	0	1,200	3,800	6,400	9,400	14,600	20,200
0	0	0	1,200	3,800	6,400	9,400	14,600	20,200
0	0	0	1,200	3,800	6,400	9,400	14,600	20,200
0	922	2,918	4,915	7,219	11,213	15,514	19,814	24,115
24,800	4,800	4,800	25,384	5,566	5,748	26,458	6,822	7,214
24,800	5,722	7,718	30,299	12,785	16,961	41,972	26,636	31,329
−24,800	−5,722	−7,718	−29,099	−8,985	−10,561	−32,572	−12,036	−11,129
0	0	0	0	0	0	0	0	0
163,750	158,028	150,310	121,211	112,226	101,665	69,093	57,057	45,928

16か月目	17か月目	18か月目	19か月目	20か月目	21か月目	22か月目	23か月目	24か月目
117,833	111,665	107,787	104,524	101,377	98,845	96,929	95,629	96,480
42,600	48,200	52,000	55,800	59,600	63,400	67,200	71,000	74,800
42,600	48,200	52,000	55,800	59,600	63,400	67,200	71,000	74,800
42,600	48,200	52,000	55,800	59,600	63,400	67,200	71,000	74,800
39,936	42,854	45,773	48,691	51,610	54,528	57,446	58,829	60,211
8,832	9,224	9,490	10,256	10,522	10,788	11,054	11,320	11,586
48,768	52,078	55,263	58,947	62,132	65,316	68,500	70,149	71,797
−6,168	−3,878	−3,263	−3,147	−2,532	−1,916	−1,300	851	3,003
0	0	0	0	0	0	0	0	0
111,665	107,787	104,524	101,377	98,845	96,929	95,629	96,480	99,483

28か月目	29か月目	30か月目	31か月目	32か月目	33か月目	34か月目	35か月目	36か月目
95,991	95,410	95,121	95,123	94,917	95,003	95,380	96,049	96,427
82,000	83,800	85,600	87,400	89,200	91,000	92,800	94,600	96,400
82,000	83,800	85,600	87,400	89,200	91,000	92,800	94,600	96,400
82,000	83,800	85,600	87,400	89,200	91,000	92,800	94,600	96,400
65,741	67,123	68,506	69,888	71,270	72,653	74,035	76,000	78,000
11,640	11,766	11,892	12,518	12,644	12,770	12,896	13,022	13,148
200	200	200	200	200	200	200	200	200
77,581	79,089	80,598	82,606	84,114	85,623	87,131	89,222	91,348
4,419	4,711	5,002	4,794	5,086	5,377	5,669	5,378	5,052
5,000	5,000	5,000	5,000	5,000	5,000	5,000	5,000	5,000
−5,000	−5,000	−5,000	−5,000	−5,000	−5,000	−5,000	−5,000	−5,000
95,410	95,121	95,123	94,917	95,003	95,380	96,049	96,427	96,479

第6章 収益を試算する

6-6 撤退基準の設定

　収益シミュレーションが完了したら事業計画の策定は終わり、ではありません。肝心なのは、「**撤退基準**」まで決めておくことです。

　あらかじめ、「失敗を想定したくはない」という事業計画書作成者の心理が作用して、得てして撤退基準の検討が抜け落ちてしまいがちです。特に、日本人は言霊信仰があるせいか、「失敗について考えるなど縁起でもない」という発想に陥りがちです。

　しかし、その結果、事業の成果が芳しくない場合に退くタイミングを見失い、ズルズルと事業を継続して赤字を垂れ流すということが、往々にしてあるものです。

　繰り返しになりますが、「新規事業の成功確率は、既存事業よりも低い」というのは、厳然たる事実です。想定どおりにいかない場合のことも、事業計画段階で盛り込んでおかなくてはならないのです。

　撤退基準は、右ページの図に示したように、**定量基準**と**定性基準**がありますが、後者の定性基準だけでは、やはり曖昧(あいまい)で意味をなしません。「今後も依然として市場拡大が見込めない場合」とか「コア技術の開発が見込めない場合」などという文言が書いてあったとしても、それを客観的に判断できる人などいないでしょう。定量基準を設定したうえで、その補足的な位置づけとして定性基準を設定するのにとどめるべきです。

　肝心の定量基準ですが、**財務数値**による基準か、あるいは**事業プロセス**による基準かのいずれかです。

　前者の財務数値による基準とは、利益やキャッシュフローで明示するものです。単純明快な基準といえるでしょう。例えば、ユナイテッドアローズでは、「3年で単年度黒字化、5年で累積損失解消を目処に、不可能な場合撤退を検討」とされています[※1]。

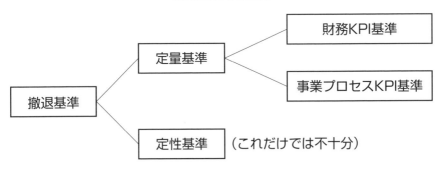

●撤退基準の分類●

一方、後者の事業プロセスによる基準とは、事業展開プロセスの中で重視しているKPIから判断するというものです。集客数、来店者数、受注件数などが、それに相当するでしょう。例えば、サイバーエージェントでは、「リリース後4か月経過した時点で、コミュニティなら300万PV／月、ゲームなら1,000万円／月を超えていなければ撤退検討」という基準が設けられ、コミュニティについてはPV数によるKPI管理をしています(※2)。

財務数値は結果の指標であるため、それだけに頼ると意思決定が遅れる可能性があります。できれば、財務KPI基準だけではなく事業プロセスKPI基準も設けて、なるべくリアルタイムに近い形でのモニタリングを行なっていくべきでしょう。

筆者がコンサルティングの現場でよく質問されるのが、「では、撤退基準の目安として、どの程度が一般的なのか？」ということです。その会社の事業特性、財務余力、新規事業に対する思いなど、それこそ1社1社それぞれ異なりますが、目安としては「**3年以内の黒字化**」というところでしょう。

つまり、「3年やってダメならば見込みがない」と判断するのが、1つの目安です。もちろん、前述のサイバーエージェントのように、1年を待たずに撤退の判断をすることもあるでしょうし、同じネット系でも、集客を先行させるべきプラットフォームビジネスであれば、まずは損益を度外視して集客数、例えばPV数で判断するということもあるでしょう。あくまで、各ビジネス固有の事情を考慮して決定してください。

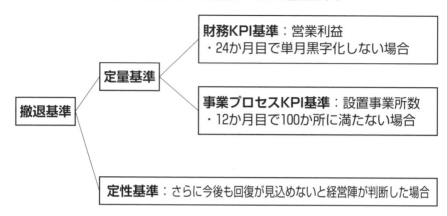

　では、ＸＹフーズの「オフィススナック販売サービス」のケースで見てみましょう。

　同社では、事業プロセスＫＰＩとして「累積設置事業所数」、財務ＫＰＩとして「営業利益」で判断することにしました。

　累積設置事業所数については、1年目の終わり（12か月目）にＫＰＩを設定し、概ね計画値の半数に至らなければ撤退を検討することにしました。

　営業利益については、2年目の終わり（24か月目）に単月で黒字化しなければ撤退を検討することにしました。

　これで、12か月目と24か月目と、2つの関門を設けたことになります。

　やや厳しい基準にも思えますが、類似事業者が先行している状況における新規事業であるため、スピーディな展開が実現できなければ、その後も拡大は難しいだろうと考えたからです。

　ただし、定量基準だけでは即撤退とはせず、「さらに今後も回復が見込めないと経営陣が判断した場合」という定性基準も設け、それにも該当した場合に限って撤退決定としました。

第7章

検証し、計画書に取りまとめる

7-1 最後のひと仕事

数値計画もできて、採算も見えてきました。これで経営陣への答申もうまくいきそうです。あとは「事業計画書」として取りまとめるだけですよね。

残念ながら、事業計画書に取りまとめる前に、もう1つ作業が残っています。今回の事業構想を**検証**する作業です。

「検証」って、具体的に何をすればよいのですか？

「事業上のリスクはどこにあるのか？」「それに対する対応策は事前にとれないのか？」について考えてみるのです。そのうえで、実行可能な施策を「実行工程表」の形に落として込んでいきましょう。時期を設定すると、戦略展開が現実的に見えてくるので、どこかにムリがないかを確認することができますよ。

なるほど、確かにその作業は必要ですね。

その検証をした結果、重大な課題が発覚して事業計画が振り出しに戻ったというケースもありますよ。そこまでは行かないまでも、販売チャネルを見直したり、組織体制を見直したりという形で、いままでの構想を微修正するケースは当然出てきます。その修正は、収益シミュレーションにも反映させなければなりませんので、数値計画も併せて修正することになります。このあたりは、行ったり来たりしながらブラッシュアップしていくというのが実際の事業計画というものです。

そうなんですね。大変だなぁ。

西沢さん　でも、その検証によって事業の失敗を未然に防ぐという効果があるわけです。事業計画のそもそもの意義は、事業の成功確率を高めることですからね。

　ちなみに、この検証まで終われば、あとは事業計画書としてまとめるだけです。コンテンツとしては十分できていますから、体系化して体裁を整えればよいので、それほど難しくはありません。後ほど、簡単なテンプレートをお出ししますね。

山本さん　ありがとうございます。ちなみに分量的には、どのくらいにまとめればいいのでしょう？

西沢さん　社内報告用資料としてはパワーポイントで20～30枚くらいでしょう。それ以上多くなる場合は別紙参考資料という形にしたほうが、読み手にとっては読みやすいと思いますよ。

山本さん　わかりました。がんばります！

　これまで検討してきた事業構想を、いよいよ事業計画書として取りまとめることになります。

　しかし、その前に、「**検証**」という大切な作業が残っています。「事業上のリスクはどこにあるのか？」「それに対する対応策は事前にとれないのか？」を考えてみてください。そのうえで、実行可能な施策を「**実行工程表**」の形に落とし込んでみてください。その際、時期を設定すると、戦略展開が現実的に見えてくるので、どこかにムリがないかを確認することができます。

　ただし、実行工程表は、経営陣への答申段階では、まだ大筋レベルのもので結構です。答申前段階で具体化するには限界があるからです。

　というわけで、この後は、次のステップを踏んでいくことになります。順に説明していきましょう。

・検証その１：「事業リスクとその対応策の検討」
・検証その２：「実行工程表の作成」
・事業計画書への取りまとめ

7-2 事業リスクとその対応策の検討

リスクの棚卸し

事業にリスクはつきものです。新規事業であれば、なおさらです。

まずは、どんなリスクがあり得るのか、棚卸しを行ないます。その際、次のように、リスクを3種類に区分して考えるとよいでしょう。

・マクロ環境に関するリスク
・一般的な業務リスク
・固有の事業リスク

1つめの「**マクロ環境に関するリスク**」とは、政治経済や自然災害に関するリスクです。例えば右ページ上の表に示したようなリスクがあります。企業全体のリスクマネジメントの観点でいえば、とても重要な要素ではありますが、新規事業のリスク管理としては、それほど重視する必要はないといえます。

2つめの「**一般的な業務リスク**」とは、労務リスクや情報リスクなど、どの企業でも起こり得るリスクです。ＸＹフーズの新規事業の場合は、右ページ下の表に示したようなリスクになるでしょう。

もちろん、いずれも重要なリスクですが、ゼロから検討する必要はありません。すでに既存事業でも実行しているリスク管理を踏まえて、さらに強化すべきものがあるか否かを検討します。

3つめが、その新規事業を展開していくときの「**固有の事業リスク**」です。新規事業の特性上、不確定要因が多いため、見えないリスクが多々あることでしょう。それでも事業計画段階で想定されるリスクは、できる限り列挙しておく必要があります。

リスクの棚卸しについては、複数のメンバーにより知恵を出し合いながら行なうべきです。このとき、事業発案者は、自分の事業構想に愛着があるために、楽観的になりがちです。逆に、いままで新規事業の検討に関与してこなかったメンバーのほうが、客観的な意見を出しやすくなります。

　事業計画で大切なのは、失敗をできる限り未然に防ぐことです。新規事業は、いくら事前に慎重に検討しても、失敗するときは失敗します。それでも、事前にリスク要因を棚卸ししておけば、失敗する確率を低くすることはできます。

　事業発案者にとっては耳の痛い意見でも、柔軟に聞き入れてリスクの棚卸しをしてください。

　例えば、ＸＹフーズの新規事業「オフィススナック販売サービス」の場合は、次ページの表に示したようなリスクが想定されるでしょう。

●マクロ環境リスク●

項目	内容（例）
政治リスク	・本事業に関わる法規制ができる
経済リスク	・急激に経済環境が悪化する
社会リスク	・消費者の趣味嗜好が変化する
災害リスク	・地震・火山噴火・異常気象などが発生する

●一般的な業務リスク●

項目	内容（例）
商品リスク	・食中毒が発生する ・異物混入が発生する
労務リスク	・ハラスメント事象が発生する ・パート社員が確保できない ・社員が客先でトラブルを起こす ・ルートセールス社員が、集金した金を着服する ・社員が交通事故を起こす
財務リスク	・既存事業が厳しくなり、資金調達が困難になる
情報リスク	・顧客情報が漏洩してしまう ・システム構築がうまくいかない ・システムエラーが発生する
法務リスク	・契約書類に不備がある ・自社の商標権が侵害される、あるいは他社の商標権を侵害する

第7章　検証し、計画書に取りまとめる

●固有の事業リスク（オフィススナック販売サービスの場合）●

項目	内容（例）
調達リスク	・想定していた商品アイテムを確保できない ・想定していた仕入先と取引できない ・原材料費が想定より高騰してしまう ・在庫管理がうまくいかない
流通リスク	・想定していた物流委託先と契約できない ・委託先の品質が悪い
販売リスク	・想定した販売パートナーと契約できない ・販売パートナーが積極的に動いてくれない ・設置させてもらう事業所の数が伸び悩む ・事業所で設置させてもらったものの、販売に結びつかない
運営リスク	・経営陣の方針が変わる ・既存事業部門からの協力を得られない

リスクの絞り込み

　リスクを棚卸しした後は、各リスクの評価をして優先順位をつけます。

　リスクは挙げていけばいくらでも出てきますが、そのすべてのリスクについて対応策を考えるのは現実的ではありません。実際には、優先順位を一旦つけて、重要度の高いリスクを絞り込んでいきます。

　リスク評価も、事業発案者のお手盛り（独りよがり）とならないように、複数のメンバーで討議して行なうのがよいでしょう。例えば、「事業への影響度」と「不確実性」の２軸のマトリックスで考えてみてください。ＸＹフーズの例では、「固有の事業リスク」のみを考えることにします。

　同社の新規事業「オフィススナック販売サービス」の場合、いままで取引のなかった同業他社から商品調達を行なうという構想であるため、「①想定していた商品アイテムを確保できない」「②想定していた仕入先と取引できない」というリスクは、「事業への影響度」も「不確実性」も高いという評価となります。

　また、先行事業者もいる中で、いままで顧客ではなかった全国の事業所にラックを設置していくことになるため、どの程度のスピードで「ラックを設置してくれる事業所の数」が伸びていくのかは、正直やってみないとわかり

● リスク評価と絞り込み（オフィススナック販売サービスの場合）●

項目	内容（例）
調達リスク	①想定していた商品アイテムを確保できない ②想定していた仕入先と取引できない ③原材料費が想定より高騰してしまう ④在庫管理がうまくいかない
流通リスク	⑤想定していた物流委託先と契約できない ⑥委託先の品質が悪い
販売リスク	⑦想定した販売パートナーと契約できない ⑧販売パートナーが積極的に動いてくれない ⑨設置させてもらう事業所の数が伸び悩む ⑩事業所で設置させてもらったものの、販売に結びつかない
運営リスク	⑪経営陣の方針が変わる ⑫既存事業部門からの協力を得られない

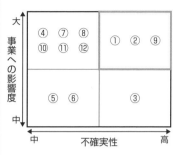

ません。したがって、「⑨設置させてもらう事業所の数が伸び悩む」も、「事業への影響度」も「不確実性」も高いと考えられます。

リスク対応策の検討

　重要度の高いリスクのすべてについて対応策を検討するのが理想とはいえますが、実際には時間、人員、コストの観点から、現実的に可能な範囲でリスク対応策を考えていくことになると思います。

　そこで、ＸＹフーズの「オフィススナック販売サービス」の例では、前述の最重要リスクの３点（①、②、⑨）について対応策を考えることにします。

　まず、①と②のリスクは、「同業他社から仕入が可能かどうか？」という点に起因するので、本質的には同一ととらえることができます。このリスクへの対応策としては、次のようなものが考えられるでしょう。

・交渉上、先方のメリットを強調する
・交渉によっては、仕入価格の引き上げを検討する
・品揃えパターンを多数検討する

　採算面を考えると、仕入価格の引き上げは難しいので、あとの２つの対応

策を煮詰めていくことになるでしょう。

　次に⑨のリスクについては、「事業所の開拓がどの程度進むか？」ということなので、対応策としては、次のような例を考えることができます。

　・開拓状況に応じて、営業担当者を増員する
　・開拓状況に応じて、販売パートナーへの手数料比率を引き上げる
　・パブリシティによって、初期段階から本事業の認知度を高める
　・成長スピードを抑えた形で数値計画（悲観ケース）をつくり直す

　上記の対応策のうち、採算面でダイレクトに影響を及ぼす営業担当者の増員や手数料比率の引き上げは安易にはできないはずです。
　したがって、まずは事業計画段階でパブリシティの方法については煮詰めておく必要があると考えられます。
　さらに、成長スピードがどれほど遅くなったとしても、投資回収上問題がないかについて、改めてシミュレーションをしておくことも大切です。

　どのような事業でも、事業を立ち上げる前の段階でリスクを100％つぶすことは不可能ですが、事前に重要なリスクの対応策を想定しておくことは、新規事業の成功確率を高めるために大切です。

7-3 実行工程表の作成

最後に、ここまで検討してきた事業展開すべてについて、行動計画の形に表します。具体的には、下の表のような**「実行工程表」**に時間軸（スケジュール：表の矢印部分）を入れていきます。これによって、事業の展開にムリがないかを確認することができます。

もちろん、会社全体の経営計画や各部門の業務計画とは違って、新規事業の場合は不確定要因が多いため、大筋しか決められないことも多々あります。特に、経営陣への答申段階ではやむを得ません。

とはいえ、「実際に行動を起こすとしたら、どの順序で行なうか？」という観点から、想像力を働かせて実行工程表を作成してみてください。実際に作成してみると、いかにやるべき施策が多いか実感することでしょう。

●実行工程表（例）●

7-4 事業計画書への取りまとめ

　ここまで来て、ようやく「事業計画書」に取りまとめることになります。
　序章で述べたように、これまで順を追って説明してきた「事業検討フロー」(新規事業の検討手順)と、「事業計画書」のフォーマットは若干異なります。
　なぜなら、「事業検討フロー」は、何も決まっていない混沌の中から、実際に発案者がアイデアを考えて事業内容を構築していくまでの手順であるのに対して、「事業計画書」は、読み手(経営陣など)に納得してもらえるようなストーリーとして体系化・言語化する書面だからです。
　要するに、「事業検討フロー」は事業発案者自身のための検討手順、「事業計画書」は読み手を意識したプレゼンツールということです。
　もちろん、「事業計画書」に盛り込むべき内容は、「事業検討フロー」で十分検討していますので、すでにあります。あとは、「事業計画書」の構成に沿って、まとめればよいのです。
　なお、本書の巻末に、右ページの表に示した構成の簡単なテンプレートを掲載していますので活用してください。

●事業計画書への取りまとめ●

「事業検討フロー」：事業発案者自身の検討手順
【再構成】↓
「事業計画書」：読み手へのプレゼンツール

●事業計画書の構成●

```
1．環境分析
  1.1 内部環境分析
  1.2 外部環境分析
  1.3 課題構造
  1.4 新規事業の要件
2．事業展開
  2.1 事業内容
  2.2 対象顧客と市場環境
  2.3 競合環境
  2.4 当社参入における競争優位性
  2.5 戦略展開（例：販売チャネル・プロモーション・課金モデル）
  2.6 運営体制（例：バリューチェーン・パートナー・組織体制）
  2.7 事業リスクとその対応策
  2.8 実行工程表
3．収益計画
  3.1 損益計画
  3.2 資金繰り計画
  3.3 撤退基準
```

　上の例では、社内で経営陣に向けて答申することを前提としているので、外部開示用の場合は適宜変更が必要です。

　例えば、自社の社内課題や運営体制について詳細に記述することは、企業秘密に関わることもあるので、省略しても構いません。また、収益計画上の詳細な算定根拠についても、必ずしも外部に開示する必要はありませんので省略してください。

　このように、事業計画書は、開示する相手によって適宜修正する必要がある点に注意してください。その前提で、以下では項目ごとに、事業計画書を記述する際の留意点を簡単に紹介します。

1．環境分析

　まず、会社全体の「**環境分析**」を記述していきます。ゼロベースで事業を立ち上げるスタートアップ企業とは異なり、既存の企業内での新規事業を考

える場合、「既存事業が今後どうなっていくのか？」という環境分析は、避けては通れないものです。

「**1.1 内部環境分析**」は、社内の強み・弱みについてまとめていきます。一口に社内といっても、いろいろな側面のものがあります。これらを1つにまとめてしまうとわかりにくくなりますので、カテゴリーごとに区分すべきでしょう。

例えば、本書のテンプレートでは、「事業上の強み・弱み」「組織上の強み・弱み」という区分で整理してみました。テンプレートには入れていませんが、「事業上の強み・弱み」は「バリューチェーン」、「組織上の強み・弱み」は「7S」などのフレームワークで整理してもよいでしょう（第1章参照）。

「**1.2 外部環境分析**」は、「外部環境の機会・脅威」についてまとめていきます。これも、マクロ環境と業界環境とに分けて整理していきます。第1章で紹介したように、マクロ環境は「PEST」、業界環境は「5F」で整理してもよいでしょう。

「**1.3 課題構造**」では、課題を整理します。内部環境と外部環境から、いわゆる「SWOT分析」をチャート化します。ここで終えてしまうケースが多いようですが、それではもったいないのです。

SWOT分析だけでは静態的なので、「ここから何がいえるのか？」というところまでを主張するメッセージ性が乏しいのです。重要なのは、SWOT分析から「本当の課題」を抽出することです。SWOT分析をしたうえで、課題構造を2～3つの論点に絞って抽出すると、より明確なメッセージを打ち出すことができるしょう。

こうしてまとめた課題構造を受けて、「**1.4 新規事業の要件**」で、参入すべき新規事業の要件を記述します。大切なのは、自社の経営課題から新規事業の要件を導き出すことです。

そもそも、「なぜ、この新規事業に参入するのか？」という説明が曖昧なまま進んでしまうと、周囲から納得が得られません。社内の合意形成のためにも、この項目で、すっきりした説明をすべきです。第2章で説明した「要件定義」から説明するとよいでしょう。社内説明用であれば、第3章で説明した「事業テーマ一覧」を別紙に記載して、その検討結果を併せて説明して

おくのが望ましいでしょう。逆に、外部開示用の場合は、詳細な説明は不要です。

> **「環境分析」記述のポイント**
>
> ・ＳＷＯＴ分析にとどめず、「本当の課題」を導き出す
> ・経営課題から「新規事業の要件」を導き出すように記述する

なお、ＸＹフーズの新規事業「オフィススナック販売サービス」の事業計画書の表紙から「環境分析」までの記載例は、236～238ページに掲載しています。

オフィススナック販売サービス事業
事業計画書

20××年×月×日

ＸＹフーズ株式会社

目次

1.環境分析
　1.1内部環境分析
　1.2外部環境分析
　1.3課題構造
　1.4新規事業の要件

2.事業展開
　2.1事業内容
　2.2対象顧客と市場環境
　2.3競合環境
　2.4当社参入における競争優位性
　2.5戦略展開
　2.6運営体制
　2.7事業リスクとその対応策
　2.8実行工程表

3.収益計画
　3.1損益計画
　3.2資金繰り計画
　3.3撤退基準

適宜図表を追記する
例：バリューチェーン分析

1.1 内部環境分析

事業上の強み・弱み		組織上の強み・弱み	
強み（＋）	弱み（－）	強み（＋）	弱み（－）
●ブランド力 　企業規模では中堅であるものの、一部に健康食品としてブランド認知されている商品があり、… ●量販チャネル 　食品卸を通じて、量販・コンビニに一定の棚を維持できており、… ●…	●商品ライン 　大手メーカーと比べると商品ラインには制約があり、… ●個人チャネル 　直接個人への販売チャネルは保有しておらず、… ●…	●機動力 　トップが創業社長としてリーダーシップを発揮しており、組織としての機動性が高い ●品質管理 　長年食品業界で展開してきたノウハウから、… ●…	●経営資源の劣位 　大手メーカーと比べると、ヒト・モノ・カネの各面において劣位にあるのは否めない ●新規事業経験の不足 　創業以来の既存事業を続けており、新規事業を立ち上げた経験がなく、… ●…

適宜図表を追記する
例：PEST分析・5F分析

1.2 外部環境分析

マクロ環境		業界環境	
機会（＋）	脅威（－）	機会（＋）	脅威（－）
●個食化 　単身世帯増加によって、いままでにない食文化が生まれており… ●健康志向 　健康食品に対してはコストをかける志向が見られ… ●…	●少子高齢化 　食品を消費する対象者が減少しており… ●安全安心志向 　過度な安全安心志向が進むと、品質管理コストが… ●…	●市場の安定性 　食品業界は景気動向に関係なく安定した需要があり… ●価格の安定性 　新規参入が特になく、極端な価格競争にはならない ●…	●原材料高騰 　原材料が高騰しているものの、売価には転嫁できない状況にある ●大手メーカーとの競合 　経営資源に勝った大手メーカーがひしめいており… ●…

第7章　検証し、計画書に取りまとめる

> SWOT分析からわかる
> 自社の課題をまとめる

1.3 課題構造

SWOT分析

	S (Strength) 強み	W (weakness) 弱み
内部環境	●機動力 ●ブランド力 ●…	●商品ライン ●個人チャネル ●…
外部環境	O (Opportunity) 機会 ●健康志向 ●市場の安定性 ●…	T (Threat) 脅威 ●少子高齢化 ●大手メーカーとの競合 ●…

当社の課題

- ●市場パイの縮小
  少子高齢化のトレンドの中で市場パイの縮小は避けられず、…
- ●競合への対応
  市場パイ縮小の中で大手メーカーとの競争はますます激化することが予測され、…
- ●…

> 自社の課題構造から新規事業の要件を導く
> ただし外部開示用の場合は詳細は不要

> 社内説明用であれば、検討してきた事業テーマ一覧を別紙に記載して、その検討結果を説明することも重要

1.4 新規事業の要件

当社における新規事業要件

- ●事業目的
  既存事業の市場パイ縮小に際し、第2の柱となる事業に参入して「成長性」を確保する

- ●事業範囲
  何らかの形で既存事業とのシナジーがある事業であり、安定成長で既存事業を補完し得るものとする

- ●参入方法
  他社との提携を活用しながら自社主体で立ち上げるものとする

- ●中期目標
  3年後に営業利益1億円程度をめざす

2．事業展開

次に、「**事業展開**」を記述していきます。まず「**2.1 事業内容**」で、新規事業の概要を説明します。盛り込むべき項目としては、事業テーマ、対象顧客、提供価値（あるいは商品サービス概要）となります。

社内説明用の場合は、この項目で大まかな事業目標を掲げておいてもよいでしょう。前述の「1.4 新規事業の要件」に適合した内容になっていることをアピールするべきです。

「**2.2 対象顧客と市場環境**」では、需要サイドについて説明します。テンプレートでは1枚にまとめていますが、市場データなどがあればグラフや図表を追記したいところです。

「**2.3 競合環境**」では、競合について説明します。まったく、この世に存在しないという新規事業であれば競合は存在しないことになりますが、多くの企業が参入する新規事業は、何らかの形で先行者が存在するはずです。

また、先行者が存在しないとしても、代替サービスがあり得るはずです。どんな新規事業でも、完全なホワイトスペース（空白市場）ということはあり得ません。つまり、事業計画書では、自分たちの立ち位置を客観的に把握していることを伝えるべきであり、この点については詳述しておく必要があります。そのうえで、「どこに自社の参入余地があるのか？」を記載してください。競合関係を把握したうえで参入余地を検討していることが伝わると、読み手の納得度が増すでしょう。

「**2.4 当社参入における競争優位性**」では、改めて自社の内部環境と外部環境を踏まえたうえで、「なぜ、自社が勝てると判断するのか？」について記載します。参入可否を意思決定する経営陣としては、大いに関心をもつ項目のはずです。

続いて、「**ビジネスモデル**」について記述します。「**2.5 戦略展開**」では、商品やサービス、販売チャネル、プロモーション、課金モデルなど、主に第4章で説明した「**戦略**」について記載します。本書巻末のテンプレート上では1枚にまとめていますが、それぞれの項目について1枚ずつ使用して詳述できればベターです。

「2.6 運営体制」では、主に第5章で説明した体制について記述します。バリューチェーンの設計、パートナー、組織体制、人材マネジメントについて、これらも本来は各1枚ずつ使用して詳述するほうがよいでしょう。

　ただし、「2.6 運営体制」は社内運営について記述する項目であり、企業秘密に関する部分も含まれることが多いと思いますので、外部開示用に編集する場合は、必要最低限にとどめたほうがよいでしょう。

　「2.7 事業リスクとその対応策」では、第7章において検証した内容を記載します。重要度が高いと考えるリスクについて、その対応策を挙げます。社内説明用であれば、すべてのリスクを棚卸しした結果を提示し、そこまで網羅的に検討した旨をアピールするとよいでしょう。経営陣はリスクについて敏感なので、慎重に検討を重ねていることをアピールすれば、納得度を高める意味で効果的です。

　以上を踏まえて「2.8 実行工程表」では、同じく第7章で説明したように、事業の立ち上げ後の施策を工程表の形に落とし込みます。工程表だけでなく、それぞれ補足説明まであれば、なおよいでしょう。

> **「事業展開」記述のポイント**
>
> ・参入予定の新規事業が、新規事業要件に適合していることを明らかにする
> ・新規事業の需要と競合を明確に記述したうえで、その状況でも「自社が勝てる」と納得してもらえるように記述する
> ・経営陣は特にリスクに敏感であるため、リスク対応策の記述がしっかりしていると効果的である

　なお、ＸＹフーズの新規事業「オフィススナック販売サービス」の事業計画書の「事業展開」の記載例は、241〜245ページに掲載したとおりです。

> 複数ページに分けて詳述してもよい

2.1 事業内容

事業テーマ
- オフィススナック販売サービス
  健康志向の軽食・サプリをラックに常備し、オフィスサービスとして提供する
  ・・・

対象顧客
- オフィスワーカー
  顧客はオフィスワーカー個人とする
  彼らに直接販売をすることによって、・・・

提供価値
- 憩いの「時間」と「場」の提供
  ふだん仕事に追われているオフィスワーカーに対して、・・・

事業目標
- 当社の第2の柱の事業
  当社の第2の柱の事業となるべく、・・・
  具体的には、営業利益1億円を3年後の目標とし・・・

> 可能であれば、公開データ分析や自社調査結果も提示する

2.2 対象顧客と市場環境

想定顧客のペルソナ
- 太田一郎さん（33歳）
  ・独身
  ・IT企業勤務、入社10年目
  ・趣味は食べ歩き、フットサル
  ・休日はフットサルにいそしんでいるものの、ふだんは仕事柄運動不足が気になっている
  ・・・

想定市場の環境
- 市場特性
  オフィス向け直販サービスは拡大しており、・・・
- 推定市場規模
  ××研究所の調べによると、・・・
- 推定成長率
  今後もオフィスへの普及は続くものと予想され、・・・

第7章 検証し、計画書に取りまとめる

> 類似事業者が存在しない場合は、代替品・代替サービスについて記載する

2.3 競合環境

類似事業者の動向

- A社
  先発企業としてすでに5年前より参入しており、推定××か所の事業所との契約がある模様…
- B社
  物流事業者と提携し参入を開始し、…
- …

参入余地

- 後発としての参入余地
  当社にはオフィスにリーチするチャネルはないものの、福利厚生アウトソーシング事業者との提携によって参入が可能であるさらに、…

> 可能であれば、公開データ分析や自社調査結果も提示する

2.4 当社参入における競争優位性

内部環境

- 自社の強み
  組織としての機動性の高さを新規事業に振り向け、…
- シナジー
  健康商品として知られる一部商品をアイテムの一部として設置することによって、…

外部環境

- 市場環境
  食品市場全体は成熟期にあるものの、オフィスサービス需要は成長期にあり、…
- 競合環境
  複数企業が参入をしているものの、…

競争優位性

- 戦略的提携による優位性確立
  オフィスサービスにおいて法人総務部門に深く入り込んでいる福利厚生アウトソーシング事業者X社との提携によって、…

> 実際には、項目ごとにページを分けて詳述したほうがよい

2.5 戦略展開

商品・サービス
- 同業他社商品を中心とした商品展開
  自社商品にこだわることなく、積極的に同業他社の売れ筋商品を採用し、…
- 健康志向のラインナップ
  栄養機能食品・エナジードリンク・野菜ジュースなど、オフィスワーカーが積極的に摂取したくなるような商品を揃え、…

プロモーション
- 広告宣伝
  事業立ち上げ段階では広告代理店を起用し、事業自体の認知度向上に努め、…
- ルートセールス部隊
  自社でルートセールス部隊を構築し、定期巡回・商品補充を通じて、それぞれの事業所においてオフィスワーカーとのフェーストゥフェースのプロモーションに努め、…

販売チャネル
- 事業所へのラック設置
  顧客はあくまでオフィスワーカー個人ではあるものの、…
- 福利厚生アウトソーシング事業者との提携
  すでに事業所総務部門との顧客基盤を保有しているX社との提携を想定しており、…

課金モデル
- 購買客個人への都度課金
  課金の基本は、購買客個人への都度課金とする
- 無料サンプル提供
  他の食品メーカーのキャンペーンとも連動し、無料サンプル品の提供も積極的に行なって、オフィスワーカーへの便宜も図る。それによって、…

> 想定しているパートナーについても記述するとよい

2.6 運営体制①バリューチェーン

	研究開発	調達	製造	物流	販売	アフターサービス
内製	○ 新製品開発は特に必要ないが、商品アイテムの取り揃えについては、同業他社各社の商品について改めて調査分析が必要	○ 一部は自社製品、それ以外は同業他社より商品を仕入れる	○ 一部の自社製品は、通常の生産ラインにおいて製造。特に追加投資は必要なし	△ 物流センターから各事業所への配送は、自社セールス部隊が定期巡回の形で実施する	○ ルートセールス部隊の定期巡回を通じて、各事業所のオフィスワーカーの購買を促進する	
外注				△ 物流センターの運営については、3PL事業者へ委託する必要がある	△ ラック設置事業所を新規開拓するには、福利厚生アウトソーシング事業者との提携が必要である	○ 事業立ち上げ後の次の段階としては、スマホアプリを開発し、健康データ・運動データをもとに健康支援サービスを実施する

> 企業秘密に関する部分もあるため、外部開示用資料の場合は要検討

2.6 運営体制②組織・人材

組織体制のポイント

- 社長直轄組織
  事業に対して決裁が下りた段階で、社長直属の新規事業部門として独立させ、…

- 既存部門との協力体制
  既存事業部門との協力体制を確保するために、「組織貢献」として新たなインセンティブ制度を構築し、…

- 新規事業部門固有のKPI
  いきなり損益でしばることなく、「事業所に設置するラック数」を当面のKPIとし、…

人材マネジメントのポイント

- 外部人材の登用
  新規事業経験がない当社の場合、一部に外部人材を登用することが現実的と考えられ、…

- 加点評価
  新規事業参画時には参画自体で評価するなど加点評価を基本方針とし、…

- 人事部門との協議
  具体的には今後人事部門との協議のうえ、…

> 重要度の高いリスクについて検討する

2.7 事業リスクとその対応策

想定されるリスク

- 商品の確保
  同業他社との交渉が難航し、想定していた商品アイテムを確保できない

- 設置事務所数の伸び悩み
  ラック設置に協力いただく事務所の新規開拓が想定どおり進まない

対応策

- 仕入価格の引き上げ
  交渉状況によっては仕入価格引き上げを想定する

- 品揃えパターンの複数検討
  特定企業との交渉が不調に終わった場合、他社商品で回避できるように、品揃えパターンを複数準備しておく

- ××
  …

- 事前準備
  事業立ち上げ時のパブリシティによって初期段階から認知度を高める

- 手数料引き上げ
  状況次第で提携パートナーへの手数料比率引き上げも想定する

- ××
  …

> 項目ごとにページを分けて
> 詳述してもよい

2.8 実行工程表

	1か月目	2か月目	3か月目	4か月目	5か月目	6か月目	…
マーケティング							
・商品アイテム構成検討	→						
・広告会社との交渉	→						
・広告会社での制作			→				
・出稿						→	
…							
調達							
・仕入先との交渉				→			
・詳細原価検討				→			
…							
販売							
・販売パートナーとの交渉			→				
・販売パートナーとの契約条件決定				→			
・ルートセールス業務フロー設計			→				
・ルートセールス社員採用				→			
・ルートセールス社員育成					→		
・事業所開拓開始						→	
…							

3．収益計画

次に、「**収益計画（数値計画）**」を記述していきます。「**3.1 損益計画**」「**3.2 資金繰り計画**」は、本書巻末のテンプレート上では1枚に収めていますが、実際には、売上計画や経費計画などの算定根拠も追記したほうが、納得度は高まります。

ただし、算定根拠の説明のボリューム（枚数）が増える場合は、参考資料として別紙にするほうが読みやすくなるでしょう。

また、「悲観ケース」や「楽観ケース」など、複数のシミュレーションを提示する場合も、説明が煩雑になる可能性があるため、概要のみを本編に入れ、詳細は参考資料としたほうがよいでしょう。ただし、いずれも、このあたりの数字は企業秘密であることが多いと考えられるため、外部開示用の資料にする際には必要最低限の開示で構いません。

最後に「**3.3 撤退基準**」を含めているのは、あくまで社内説明用だからです。しかし、あえて事業計画の段階から撤退基準についても触れておくことによ

って、闇雲に新規事業を提案しているのではなく、冷静な姿勢で事業計画を進めていることをアピールできるとともに、経営陣にリスク許容度を考えさせるきっかけにもなります。

> **「収益計画」記述のポイント**
>
> ・収益計画には、なるべく具体的な算定根拠があるほうが望ましいが、参考資料として別紙としたほうが読みやすい
> ・撤退基準を記載することによって、事業提案者の冷静な姿勢を示すことができる

なお、ＸＹフーズの新規事業「オフィススナック販売サービス」の事業計画書の「収益計画」の記載例は、以下に掲載したとおりです。

実際は、売上計画・経費計画等の算定根拠も記述する

詳細な数値・説明がある場合は、別紙参考資料として出すとよい

3.1 損益計画

※表は214～215ページ参照

> 実際は、投資計画・調達計画等の算定根拠も記述する
> 詳細な数値・説明がある場合は、別紙参考資料として出すとよい

3.2 資金繰り計画

※表は218〜219ページ参照

> 具体的内容を開示するのはあくまで社内説明用資料のみ
> 外部開示用資料の場合は、項目自体を省略してもよい

3.3 撤退基準

本事業における撤退基準

- ●定量基準
  - ・財務KPI基準
    - 事業立ち上げ後24か月目に営業利益が単月黒字化しない場合
  - ・事業プロセスKPI基準
    - 事業立ち上げ後12か月目にラック設置事業所数が100か所に満たない場合

- ●定性基準
  - 上記状況が、さらに今後も回復が見込めないと経営陣が判断した場合

第7章 検証し、計画書に取りまとめる

事業計画書の記載項目と本書の対応関係

　以上をまとめて、事業計画書の記載項目と本書の章立てとの対応関係を示すと、下の対照表のとおりです。

●事業計画書の記載項目と本書章立ての対照表●

事業計画書テンプレート項目	本書章立て
1.1 内部環境分析	第1章　環境を分析する
1.2 外部環境分析	
1.3 課題構造	
1.4 新規事業の要件	第2章　要件を定義する
2.1 事業内容	第3章　事業テーマを設定する 第4章　ビジネスモデルを思考する① 　　　——戦略を策定する
2.2 対象顧客と市場環境	
2.3 競合環境	
2.4 当社参入における競争優位性	
2.5 戦略展開	第4章　ビジネスモデルを思考する① 　　　——戦略を策定する
2.6 運営体制	第5章　ビジネスモデルを思考する② 　　　——体制を整備する
2.7 事業リスクとその対応策	第7章　検証し、計画書に取りまとめる
2.8 実行工程表	
3.1 損益計画	第6章　収益を試算する
3.2 資金繰り計画	
3.3 撤退基準	

注釈（参考文献）

序章

※1：ロナルド・A・フィンケ、トーマス・B・ヴァルド、スティーブン・M・スミス著、小橋康章訳『創造的認知』（森北出版、1999年）。

※2：エリック・リース著、井口耕二訳、伊藤穰一解説『リーン・スタートアップ』（日経BP社、2012年）。

第3章

※1：BMO法については、大江建『なぜ新規事業は成功しないのか（第3版）』（日本経済新聞出版社、2008年）などを参考。

第4章

※1：トランスファーカーの事例は、同社HP等公開資料を参考。

※2：アマゾン社アニュアルレポートを参考。

※3：スタートトゥデイIR資料を参考。

※4：JINSの事例は、同社HP等公開資料を参考。

※5：伊那食品工業の事例は、同社HPおよび拙著『「フォロワー」のための競争戦略』（日本実業出版社、2014年）を参考。

※6：スープストックトーキョーの事例は、ドリームゲートHP（http://case.dreamgate.gr.jp/mbl_t/id＝841、http://www.jftc.or.jp/shoshaeye/contribute/contrib2007_09a.pdf）等公開資料を参考。

※7：日立アプライアンスの事例は、『日経情報ストラテジー』2007年10月号およびhttps://www.insightnow.jp/article/443を参考。

※8：花王「キュキュット」の事例はhttp://www.zakzak.co.jp/economy/ecn-news/news/20150127/ecn1501270830001-n1.htm等を参考。

※9：サントリー「DAKARA」の事例は、野中郁次郎・勝見明『イノベーションの本質』（日経BP社、2004年）、井上達彦「ビジネスの『当たり前』を疑う」（一橋ビジネスレビュー2017年SUM．65巻1号）等を参考。

※10：ワイヤレスゲートの事例は、同社IR資料および拙著『「フォロワー」のための競争戦略』（日本実業出版社、2014年）を参考。

※11：オーマイグラスの事例は、同社HPを参考。

※12：ヨドバシドットコムの事例は、ヨドバシカメラ・ヨドバシドットコムHPを参

考。
※13：アマゾンの各事例は、同社ＨＰを参考。
※14：でんかのヤマグチの事例は、同社ＨＰおよび各種公開資料を参考。
※15：土屋鞄製造所の事例は、同社ＨＰおよび各種公開資料を参考。
※16：エー・ピーカンパニーの事例は、同社採用サイトおよび各種公開資料を参考。
※17：ハーレー・オーナーズ・グループの事例は、同社ＨＰ等公開資料を参考。
※18：ネスカフェアンバサダーの事例は、ネスレ日本ＨＰおよびネスレ日本インタビュー記事（リクナビNEXTジャーナル〔https://next.rikunabi.com/journal/entry/20170223_C1〕）を参考。
※19：セールスフォース・ドットコムの事例は、同社ＨＰ等公開資料を参考。
※20：カーブスの事例は、カーブスジャパンＨＰ等公開資料を参考。
※21：chargifyの事例は、ウォールストリートジャーナル記事に詳しい（https://www.wsj.com/articles/SB10000872396390443713704577603782317318996）。
※22：ブリヂストンの事例は、ブリヂストンタイヤ、ブリヂストンＢＲ各ＨＰを参考。
※23：三浦工業の事例は、同社ＨＰを参考。

第5章

※１：ＫＤＤＩの提携の事例は、各種公開資料を参考。
※２：ＡＩ分野での提携の事例については、ＩＴメディア記事（http://www.itmedia.co.jp/enterprise/articles/1709/15/news028.html）を参考。
※３：ワイヤレスゲートの提携の事例は、同社ＨＰ等公開資料を参考。
※４：オイシックスおよびトレジャー・ファクトリーの提携の事例は、両社ＨＰ等公開資料を参考。
※５：コニカミノルタのＢＩＣの事例は、コニカミノルタＢＩＣＨＰおよび各種公開資料を参考。
※６：リクルートの事例は、杉田浩章『リクルートのすごい構"創"力』（日本経済新聞出版社、2017年）、「日経BizGate」杉田浩章氏インタビュー記事（http://bizgate.nikkei.co.jp/article/147573620.html）を参考。
※７：田中聡・中原淳「事業を創る人と組織に関する実態調査」『「事業を創る人」の大研究』（クロスメディア・パブリッシング、2018年）。
※８：丹羽清・山田肇編『技術経営戦略』（生産性出版、1999年）、丹羽清『技術経営論』（東京大学出版会、2006年）。
※９：リクルートマネジメントソリューションズ「新規事業創造に関する人事の実態調査」RMS Message vol.40（2015年11月）。

※10：東急電鉄の事例は、経済産業省「イノベーション100委員会レポート」（2016年2月）および東京電鉄採用サイトを参考。

第6章

※1：ユナイテッドアローズの事例は、東京証券取引所「企業価値向上経営の実践に向けて」（2015年10月5日〔https://www.jpx.co.jp/news/1024/nlsgeu000001988q-att/01_UA_shiryou.pdf〕）を参考。

※2：サイバーエージェントの事例は、藤田晋「渋谷ではたらく社長のアメブロ」（2013年1月23日〔https://ameblo.jp/shibuya/entry-11455423878.html〕）を参考。

巻末資料

事業計画書のテンプレート

○○事業
事業計画書

○○年○月○日

○○株式会社

目次

1. 環境分析
　1.1 内部環境分析
　1.2 外部環境分析
　1.3 課題構造
　1.4 新規事業の要件

2. 事業展開
　2.1 事業内容
　2.2 対象顧客と市場環境
　2.3 競合環境
　2.4 当社参入における競争優位性
　2.5 戦略展開
　2.6 運営体制
　2.7 事業リスクとその対応策
　2.8 実行工程表

3. 収益計画
　3.1 損益計画
　3.2 資金繰り計画
　3.3 撤退基準

1.1 内部環境分析

適宜図表を追記する
例：バリューチェーン分析

事業上の強み・弱み

- …
- …
- …

組織上の強み・弱み

- …
- …
- …

1.2 外部環境分析

適宜図表を追記する
例：PEST分析・5F分析

マクロ環境

- …
- …
- …

業界環境

- …
- …
- …

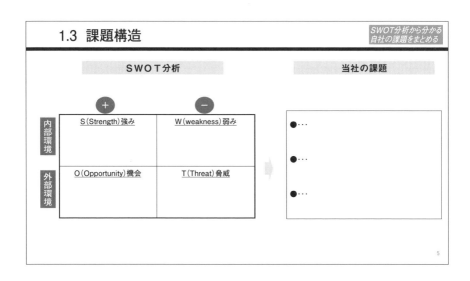

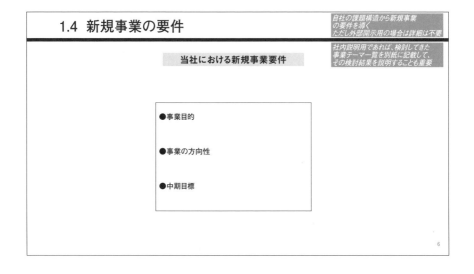

2.1 事業内容

複数ページに分けて詳述してもよい

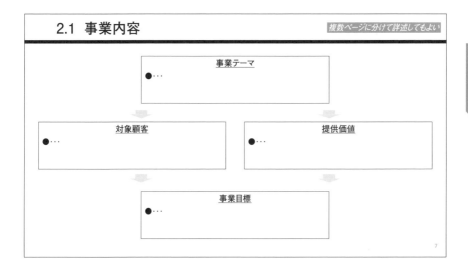

2.2 対象顧客と市場環境

可能であれば、公開データ分析や自社調査結果も提示する

想定顧客のペルソナ

- ・・・
- ・・・
- ・・・

想定市場の環境

- 市場特性
- 推定市場規模
- 推定成長率

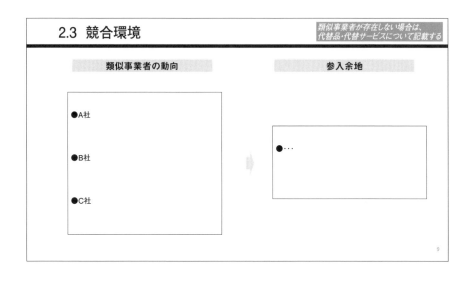

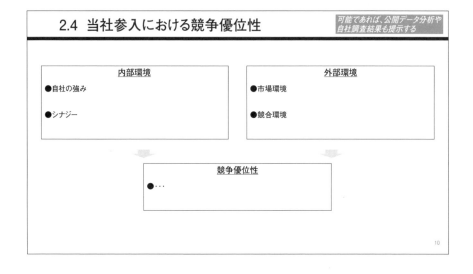

2.5 戦略展開

実際には、項目ごとにページを分けて詳述したほうがよい

商品・サービス
- ●…
- ●…
- ●…

販売チャネル
- ●…
- ●…
- ●…

プロモーション
- ●…
- ●…
- ●…

課金モデル
- ●…
- ●…
- ●…

2.6 運営体制①バリューチェーン

想定しているパートナーについても記述するとよい

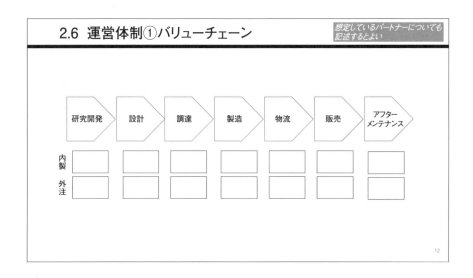

研究開発 → 設計 → 調達 → 製造 → 物流 → 販売 → アフターメンテナンス

内製 / 外注

2.6 運営体制②組織・人材

企業秘密に関する部分もあるため、外部開示用資料の場合は要検討

組織体制のポイント

- …
- …
- …

人材マネジメントのポイント

- …
- …
- …

2.7 事業リスクとその対応策

重要度の高いリスクについて検討する

想定されるリスク

- …
- …
- …

対応策

- …
- …
- …

2.8 実行工程表

項目ごとにページを分けて詳述してもよい

	1か月目	2か月目	3か月目	4か月目	5か月目	6か月目	…
マーケティング							
…							
調達							
…							
製造							
…							
販売							
…							

巻末資料　事業計画書のテンプレート

3.1 損益計画

実際は、売上計画・経費計画等の算定根拠も記述する

詳細な数値・説明がある場合は、別紙参考資料として出すとよい

	1か月目	2か月目	3か月目	4か月目	5か月目	6か月目	7か月目	8か月目	9か月目	10か月目	11か月目	12か月目	1年目
売上													0
売上総利益													0
販売費・一般管理費	0	0	0	0	0	0	0	0	0	0	0	0	0
広告宣伝費													0
販売手数料													0
運賃													0
外注委託費													0
地代家賃													0
水道光熱費													0
リース料													0
役員報酬													0
社員人件費													0
パート人件費													0
その他諸費													0
営業利益	0	0	0	0	0	0	0	0	0	0	0	0	0

	13か月目	14か月目	15か月目	16か月目	17か月目	18か月目	19か月目	20か月目	21か月目	22か月目	23か月目	24か月目	2年目
売上													0
売上総利益													0
販売費・一般管理費	0	0	0	0	0	0	0	0	0	0	0	0	0
広告宣伝費													0
販売手数料													0
運賃													0
外注委託費													0
地代家賃													0
水道光熱費													0
リース料													0
役員報酬													0
社員人件費													0
パート人件費													0
その他諸費													0
営業利益	0	0	0	0	0	0	0	0	0	0	0	0	0

	25か月目	26か月目	27か月目	28か月目	29か月目	30か月目	31か月目	32か月目	33か月目	34か月目	35か月目	36か月目	3年目
売上													0
売上総利益													0
販売費・一般管理費	23.2%	0	0	0	0	0	0	0	0	0	0	0	0
広告宣伝費													0
販売手数料													0
運賃													0
外注委託費													0
地代家賃													0
水道光熱費													0
リース料													0
役員報酬													0
社員人件費													0
パート人件費													0
その他諸費													0
営業利益	0	0	0	0	0	0	0	0	0	0	0	0	0

3.2 資金繰り計画

実際は、投資計画・調達計画等の算定根拠も記述する

詳細な数値・説明がある場合は、別紙参考資料として出すとよい

3.3 撤退基準

具体的内容を開示するのはあくまで社内説明用資料のみ

本事業における撤退基準

外部開示用資料の場合は、項目自体を省略してもよい

● 定量基準

● 定性基準

手塚貞治（てづか　さだはる）
國學院大學経済学部教授・立教大学大学院ビジネススクール兼任講師。
元 株式会社日本総合研究所プリンシパル。東京大学大学院総合文化研究科博士課程修了。専門は成長企業に対する経営戦略、事業計画策定、ＩＰＯ支援、ＩＲ支援、ワークショップ支援など。
著書に『武器としての戦略フレームワーク』『「フォロワー」のための競争戦略』（以上、日本実業出版社）、『経営者のためのＩＰＯを考えたら読む本』（すばる舎）などがある。

「ビジネスモデル思考」で新規事業を成功させる
「事業計画書」作成講座

2018年10月20日　初版発行
2022年11月1日　第3刷発行

著　者　手塚貞治　©S.Tezuka 2018
発行者　杉本淳一

発行所　株式会社 日本実業出版社　東京都新宿区市谷本村町3-29 〒162-0845
　　　　編集部　☎03-3268-5651
　　　　営業部　☎03-3268-5161　振替　00170-1-25349
　　　　https://www.njg.co.jp/

印刷／壮光舎　製本／共栄社

この本の内容についてのお問合せは、書面かFAX（03-3268-0832）にてお願い致します。
落丁・乱丁本は、送料小社負担にて、お取り替え致します。

ISBN 978-4-534-05633-7　Printed in JAPAN

日本実業出版社の本

この1冊ですべてわかる
経営戦略の基本

(株)日本総合研究所
経営戦略研究会
定価 本体 1500円（税別）

経営戦略を初めて学ぶ人、基本をつかみきれていない人に最適な入門書。経営戦略の全体像、全社・事業戦略の策定と実施、戦略効果をさらに高めるノウハウまで網羅しています。

この1冊ですべてわかる
新版　マーケティングの基本

安原智樹
定価 本体 1600円（税別）

マーケティングに興味のある方すべてに必ず役立つロングセラーの最新版。マーケティングの基礎知識や業務の進め方、WEBを中心とした手法などを、最新の事例を交えて解説しています。

リーダーやニッチャーでなくても勝ち残る
「フォロワー」のための競争戦略

手塚貞治
定価 本体 1600円（税別）

5つのカテゴリーで分けた12の戦略を組み合わせることで、"普通の会社＝フォロワー"でも勝ち残れる「リスクヘッジ戦略」を解説。知る人ぞ知る企業のケースも多数紹介しています。

担当になったら知っておきたい
「プロジェクトマネジメント」実践講座

伊藤大輔
定価 本体 2200円（税別）

プロジェクトマネジメントの具体的な知識とツールを、「目標設定」「計画」「実行」という3つの視点で、豊富な図を使ってやさしく解説。ISO21500：2012に準拠しています。

定価変更の場合はご了承ください。